藤原道長

山中　裕

法藏館文庫

本書は一九八八年、教育社より刊行された。

はじめに

本書は摂関政治について、その代表的人物、藤原道長を中心に述べたものである。道長の父兼家および祖父師輔の時代にもふれながら、さらに兄弟たちとの関係を明らかにしてゆく。道長家の発展には、まず姉の詮子をはじめ、女性たちの活躍にめざましいものがあり、娘彰子、妍子、威子らは、それぞれ天皇の中宮となり、さらに皇子を生み、外戚をかため、天皇の身内になってゆく。摂関政治の発展と本質を述べるには、このように皇族との関係を明らかにしてゆくことが必要であろう。そこで、天皇家との関係を兼家・道隆・道長を中心にみてゆくことにする。そうすれば、いわゆる王権の発展ということ自体が、やはり道長家との結びつきに大きく左右されたことが理解されよう。

本書では、摂関政治についての新たな見方に立ち、道長の人物像を過去のイメージにとらわれず、あくまでも当時の公卿の日記によって明らかにする。そこで、まず道長の『御堂関白記』をはじめとして、『小右記』(藤原実資)、『権記』(藤原行成)等々に即してみてゆくことになるのであるが、これらの公卿日記、いわゆる古記録には、当時の公卿の生活がありありと書きつらねてある。そこには、宮廷の年中行事の儀式作法などがことこまかに書かれているところから、当時の生活の風潮をくみとることができるのはいうまでもないが、さらにそのなかから道長の生きる声のようなものがにじみ出ており、懸命に一日一日を天皇と后、また一族や多くの貴族たちとの間で、生活してゆこうとする道長の態度と人物像が浮かび上がってくる。

本書はまた、天皇と道長の間にどのような問題があったか、あるいは地方のさまざまな事件を公卿会議でいかに処置していたか、または女流作家たちと文芸についての喜びをどのように分かち合っていたか等々のことを、その摂関政治の時代の流れとともに、『栄花物語』、『大鏡』、『紫式部日記』などを用いつつ明らかにしてゆこうとするものである。

そして最後に、道長の出家以前から死にいたるまでの宗教生活を通観し、以上の全体を通して摂関政治とはいかなるものであったか、その本質に迫ろうと意図するものである。

今回の出版に関して、貝塚隆俊氏と外池昇氏に多くのお力をいただいたことに、心から感謝を申し上げる。

山中　裕

目　次

藤原道長

序章

藤原道長については、伝記をまとめたいという考えを十数年来もちつづけてきた。その道長研究の最初は、『日本人物史大系3』(朝倉書店、昭和三十五年)に「道長をめぐる人々」と題したものである(拙著『歴史物語成立序説』(東京大学出版会、昭和三十七年)に収録)。またその後も道長についでは少しずつ執筆をつづけ、同じく『平安人物志』(東京大学出版会、昭和四十九年)にも、また『平安時代の古記録と貴族文化』(思文閣、昭和六十三年)にも道長に関するものをかなり収録している。

そこで、本書は、道長の伝記をふまえ、その時代背景をできるだけ明らかにしつつ、摂関政治とはなにか、の問題にもふれようとするものである。

道長については、文献が非常に多い。『御堂関白記《みどうかんぱくき》』をはじめとして、『小右記《しょうゆうき》』(藤原実資)、『権記《ごんき》』(藤原行成)、『左経記《さけいき》』(源経頼)などの日記、また『日本紀略』、『扶桑略記』等の編纂書、さらに『栄花物語』、『大鏡』などの歴史物語も、道長を語るには絶対に必要な書である。物語とはいえ『栄花物語』は、これをどのように扱うかによって、道長の人物像もかなり変わるといっても過言ではない。そこで今回は『栄花物語』の史料批判なども加えつつ、まず、『御堂関白記』、『小右記』を中心に論を進めてゆきたい。

『御堂関白記』の諸本については後で略記するが、先に拙著『平安人物志』で詳しく述べたので、詳細はそれにゆずることとする。ここでは『御堂関白記』の内容をこまかに検討し、道長が自身の日記において史実をどのようにとらえ、解釈し、表現しているか、まずその点を重視しながら、同じ史実が『小右記』ではどのようにとらえられているか、そのような面も併せて見てゆく。本書の性格上、『御堂関白記』『小右記』の本文(漢文が主)をそのまま引用することはなるべく避けたが、必要な箇所は原文のまま用い、返り点で読み方を示した。少しでも彼らの〝肉声〟に接していただきたかったからである。

道長の自筆の日記『御堂関白記』は、具注暦《ぐちゆうれき》そのものに書かれている。千年前の日記が自筆で存することは、大へん貴重であるが、これは記述も詳しく、約二五年間にわたって書かれている。また、この時代、道長のライバルといわれている右大臣実資《さねすけ》の日記『小右記』(古写本、新写本)も現存しており、実資は九〇歳まで生き、日記も五〇年以上におよんでいる。また権大納言行成の『権記』は二〇年間にわたる日記である。少し時期的にずれて『左経記』もあり、この時代は、いわば日記の時代といえよう。彼ら当時の公卿《くぎよう》は、公卿として朝廷の儀式に参加し、儀式を先例通りに行うのが、まず大事な仕事であった。したがって公卿日記は、正月から十二月に至る年中行事の儀式、すなわち元日節会、白馬節会、踏歌節会等々の儀式作法についての詳細な叙述に充ちているが、同時にそのなかから平安貴族の生活の知恵と教養とを明確に知ることができるのがその特徴である。さらに、朝廷における公卿会議、陣定《じんのさだめ》などの内容が詳細にしるされていることから、当時の政界の様子が明瞭になる。公卿の日記は、不連続ではあるが記述が長年にわたっており、内容も豊富なことから、歴史の研究資料としては古文書とともに非常に利用価値の高いものである。さらに、日記は実録であることが特徴である。しかも、日次《ひなみ》に（日を追って）書かれていることから、個人の生涯をたどるには、なによりのものといえよう。しかし、これらは『紫式部日記』や『和泉式部日記』のような、いわゆる女流日記とはちがって、筆者の私的な面にはあまりふれないのが普通である。朝廷に関する公的なことを主として叙述するのが公卿の日記のたてまえである以上、むしろそれは当然であったろう。

そこで、これらの日記類を資料として、まず道長の公的な生活を明らかにする。しかし、私的な記述はあまりないといわれている公卿日記からも、道長の私的な面をその文面の奥にさぐることができる場合も少なくないので、そのような部分も可能なかぎり探究し、公私両面にわたる道長の人物像を浮かび上がらせたい。さらにまた、日記のなかには道長の思想の一部が如実に表われている部分もなきにしもあらずである。これらの面もよく探り、道長の思想や文化に対する考え方なども明らかにするつもりである。

また、道長の権力の発展には後宮との関係が深い。すなわち、道長の長女彰子は、一条天皇の中宮となり、後一条天皇を生んでいる。さらに、次女妍子は三条天皇、三女威子は後一条天皇の中宮になるなどして、それぞれ道長の外戚を築いて行く。道長は、こうして天皇の身内となり、自家の勢力を大きくして行くのであるが、道長自身の性格は、どんなであったか。今回はこの面を強調し、彼の性格が、一条、三条、後一条天皇との間に、それぞれどのような人間関係をかもし出していったか、それらについても解明し、さらに摂関政治の本質について、それがいうところの政所《まんどころ》政治ではなかったという点をも明確にしたい。そして最後に、道長の宗教への傾倒について述べ、摂関政治全盛期を代表する人物の生と死を、摂関政治の発展を背景に描くこととしよう。

さて、道長の誕生は康保三年（九六六）。『小右記』は、天元五年（九八二）にはじまる。これより以前の逸文も『小右記』にはみえるが、道長の幼いころについては記述が少ないし、もともと『小右記』のような、いわゆる古記録（公卿日記）自体が少ない。『小右記』

も天元にはじまるとはいえ、寛和、永延のころは記述がまだそれほど詳しくなく、永祚、正暦からようやく詳しい記述となる。このように、日記のはじめは、その筆者がまだ書きなれないためか、記述が比較的簡単であるのがこの時代の日記の特徴である。

もちろん『御堂関白記』もその例外ではなく、しかもそれがはじまる長徳年間は、すでに道長は三十代である。幼少年時代の道長を知るには、困難がともなう。しかしこの間については、『日本紀略』、『扶桑略記』および『栄花物語』に、部分的ではあるがかなり詳しい記述もあり、とくに『栄花物語』の利用価値は高い。

さて、その『御堂関白記』であるが、これは自筆本一四巻が、そのまま現存する。国宝として道長の後裔近衛家では、これをとくに大切にし、陽明文庫に現在保管されているが、まったく虫損やいたみもなく、当時の具注暦に道長の筆で書かれたままのかたちで残っている。原本の具注暦は一年を二巻に分かった暦であり、その暦に書いた自筆本『御堂関白記』は、藤原忠実のとき、永久五年（一一一七）の文書によれば、三六巻あったことが明瞭である。現存のものは一四巻であるから、かなり失われたことにはなるが、しかし、これだけでも現存するということは、いかに貴重であるか、重ねて強調しておきたい。

さらにまた、道長の孫師実のときに清書本としての古写本が作られている。これは、一年を一巻に書き写し、一巻に一年以上のものを収めている巻も存するが、これが一二巻、同じく陽明文庫に現存するということは、これにより自筆本の失われたところの記事を知ることができると同時に、また、自筆本の道長独特の筆使いによる読みとりにくい部分を判読することができるなど、やはり、その価値は非常に大きい。この古写本は、以前は道長の長男頼通の筆といわれていた（『陽明世伝』解説、『日本古典全集』の「御堂関白記」解説など）が、その根拠は薄弱で、いまは忠実か師実といわれており、師実説が有力である（阿部秋生氏「藤原道長の日記の諸本について」日本学士院紀要第八巻第三号参照）。

現存の『御堂関白記』は、以上のように一年を二巻とする自筆本一四巻、一年一巻の古写本一二巻と、『御堂関白記』を抄出した『御堂御記抄』が六種と、江戸時代の近衛家熙《いえひろ》による写本二〇冊（予楽院本）が陽明文庫に所蔵されている。そして、近衛家からはなれて世に出て転々書写され流布してきた流布本なるものが江戸時代に多く発生している。京大附属図書館の平松本をはじめ、久世本、松岡本、壬生本など、数多く存する。これらは阿部氏の論究に詳しい。なお、『日本古典全集』（与謝野晶子・正宗敦夫校訂）が、予楽院本と流布本を合わせた宮内省図書寮本（宮内庁書陵部）を底本とし、刊本として大正年間に刊行された功績は大きい。これにつづいて昭和十一年には自筆コロタイプ複製本と、その本文を活字で印刷したものが立命館出版部から刊行された。さらに、『大日本古記録』（昭和二十六～二十八年）では、自筆本、古写本を底本とし、その欠失の部分を、平松本を底本に用いて補足している。現在（昭和五十四年から）、陽明文庫の貴重書が『陽明叢書』として刊行されており、『御堂関白記』も、自筆本、古写本をそのまま写真製版して出版されている（全五冊）。今後の研究に資すること大なるものがあろう。また、『御堂関白記全註釈』（山中裕編、高科書店）も昭和六十年から刊行が始まり、現在までに二冊（長和元年および寛仁元年）出ている。

本書ではその他、さきに挙げた『権記』、『左経記』などもその場に応じて参照し、『栄花物語』、『大鏡』のみに表われる〝史実〟は、直ちにそれを文学的虚構とはみずに、史実とどの部分が合致し、どこが異なるかを詳細に検討し、はたしてそれが虚構ないしは史実の意図的な改変とみることができるかどうかなどの問題についても論を進める。

以上に述べた方法で書き進めることにより、従来の道長像とは、多少ちがった人物像を描き出すことになると思う。それは『御堂関白記』をはじめ、主として日記類を第一資料とするからである。また文化人道長および女流作家たちとの関係も詳細にみるところに本書の特徴もあろう。さらに、道長の生き方から摂関政治の本質について明らかにするところに研究の新たな展開を試みたい。

1　藤原氏の発展

兼家全盛時代

道長は藤原氏北家兼家《かねいえ》の五男である。摂津守藤原仲正の娘時姫《ときひめ》を母として生まれた。兼家には、『かげろふ日記』でも明らかなように多くの妻妾があり、時姫もその一人であるが、この時姫に兼家の愛は最も深かったらしく、二人の間には道隆、道兼、道義、道長、超子《ちょうし》、詮子《せんし》らが生まれている。道長誕生のとき、父兼家は三八歳、道隆は一四歳、道兼六歳、異母兄の道綱は一二歳であった。時姫はいわゆる現代でいう正妻である。

だが、道長の幼少時代については、あまり文献がなく、明瞭でない。そこで、当時の藤原氏の様子をみてゆこう。

道長の幼少年時代は、兼家の全盛期にあたる。藤原氏の政治は周知のごとく、良房、基経のときから摂政、関白が始まり、兼家のときに一段と摂関政治が権力をもつに至ったのである。すなわち、花山天皇が寛和二年（九八六）六月二十三日に出家したのち、一条天皇が七歳で即位、兼家は外祖父となり、同時に摂政となった。摂政で外祖父という二つの条件が重なり、兼家の権力は、いちじるしく上昇した。

このとき兼家は右大臣であったが、まもなく（七月二十日）、右大臣を弟為光にゆずり、自分は摂政のみによって強い権力をもつに至った。一方、律令制によって決められている最高の官の太政大臣は、前関白・太政大臣の頼忠が、そのまままつづけてなっており、ここに太政大臣と摂政が別々の官として、それぞれ独立して存在することになった。摂政が、摂政のみで独立し、大臣と離れて強い権威をもつに至ったのは、このときがはじめてである。

摂政・関白は、天皇に代わって政《まつりごと》を行う職であり、古くは聖徳太子などの例もみられたが、良房以後、藤原氏の独占するところとなった。そして藤原氏のなかでも、忠平の子実頼は小野宮家に住んでいたことから小野宮家、師輔《もろすけ》は九条に住んでいたことから九条家の名称をもち、彼は右大臣で薨《こう》じたが、師輔の子伊尹《これまさ》、兼通、兼家は、それぞれ、摂政・太政大臣、関白・太政大臣、摂政・太政大臣となった。兼家は氏長者《うじのちょうじゃ》ともなり、以後、その子孫がこの地位をうけつぐことになる。ここに藤原氏九条家流の発展が始まる。

摂政は、いうまでもなく天皇が幼少の間、天皇に代わって職をつとめ、天皇が成人ののちは、関白として天皇を補佐し、万機の政をとることになる。摂政、関白は、はじめのうちは本官である大臣に付随しているものであったが、大臣でなくても独立の官職として事を行うようになったのは、じつに道長の父兼家のときからである。このときから摂政の権力が、それだけ強力になったことを意味しよう。つまり、太政大臣と摂政とが並立し、前者は、とくに律令制以来の官職であったが、名誉職のようなものとなって、政治の実権が律令官制より、しだいに摂政、関白のほうに移ることとなったのである。

『職原鈔《しょくげんしょう》』に「摂政関白者、大臣兼レ之、或去二大臣職一帯レ之、東三条入道摂政以来例也」（摂政関白は、大臣これを兼ぬ。或いは大臣の職を去り、之を帯す。東三条入道摂政以来の例なり）とあるのは、この間の事情を簡潔に語ったものだが、兼家は、大臣の官職を去ることによって、摂政の本質を一段と高からしめることができたともいえる。良房よりここに至るまで、摂政は、それだけでは独立して具体的な機能を有するものではなかったからである。本官としての太政大臣をもととしてこそ摂政ということの意味が深かったのであって、いいかえれば、摂政は太政大臣を補完するような意味をもっていた。ところが、ここに兼家に至って、太政大臣と摂政が別々の官としての最高の意義を有することとなった。

以下に述べるように、道長は、父兼家の築いた摂政の地位を発展させて、政治家としての権力を確保して行くのであるが、同時にまた、律令以来の太政官制の枠組みを、生涯にわたって巧みに活用してもいるのである。

兼家の政策

兼家は摂政となって以来、一族の地位を昇進させることに懸命であった。

兼家が摂政となった寛和二年（九八六）七月二十日には、長男道隆が権大納言《ごんだいなごん》となった。一条天皇の母后詮子《せんし》は、天皇即位後まもなく、七月五日に皇太后となっている。のちの道長の発展に、この姉詮子の力が背後にあって大きな影響をおよぼすのである。このころの兼家一族の昇進ぶりはいちじるしく、道隆は寛和元年には非参議、従三位《じゅさんみ》右中将であったが、一条天皇践祚《せんそ》ののち、同二年七月五日には参議を経ずして権中納言に、同二十日には五人を越えて前述のように権大納言となっており、七月二十七日には正二位となっている。

さらに、道兼も同じように昇進。七月五日従四位下。同十六日、道隆の辞したあとをうけて右中将。同二十日には参議。そして十月十五日の除目《じもく》では七人を越えて従三位、権中納言。十一月二十二日には正三位となり、道隆と同様、いちじるしい昇進である。また、道長は、寛和二年七月二十三日、蔵人《くろうど》、従五位上。二十六日正五位下。八月十三日の除目では少納言、十月十五日に左近衛少将、十一月十八日には従四位下となっている。

結局、一条天皇の即位（寛和二年六月二十三日）により、兼家一族が飛躍的な昇進を遂げていることにおどろく。

これは、代々の藤原氏摂関の行き方によるものであって、一族のものができるだけ多く高位高官につけば、太政官政治の運営はスムーズに進むのが当然である。したがって彼らは、八世紀、九世紀頃までは他氏を排斥することに力をそそいでいたが、この時代ともなると、藤原氏一族の中のとくに我が子たちを、できるだけ然るべき官位につけることが、彼らのねらいとなった。兼家の子たちの目まぐるしい昇進も、まさしくそのあらわれである。

その後一年おいて永延二年（九八八）の人事では、兼家の力によって兼家一族が、さらにいちじるしく昇進する。

前年と比較すると、三名を越えて従二位となった道兼。一一名を越えて参議を経ず権中納言、従三位になった二三歳の道長。兼家が、いかに我が子らの昇進に全力をつくしているかが明らかなところである。

こうして永祚元年（九八九）二月二十三日には、権大納言の道隆が内大臣となっている。

一方、兼家の後宮政策を、ここにいちおう概括してみよう。まず娘超子《ちょうし》を冷泉《れいぜい》帝の、次女詮子《せんし》を円融帝の女御とし、超子に居貞《いやさだ》親王以下為尊《ためたか》、敦道《あつみち》が、また、詮子に懐仁《かねひと》親王（一条帝）が生まれて、ここにまず外戚の基礎ができたのである。やがて一条天皇が即位し、居貞親王が東宮になると、こんどは兼家は綏子《すいし》を居貞親王の尚侍《ないしのかみ》とした。東宮は一一歳。綏子は、添伏《そいぶし》であった。兼家の心の中は外戚を築くことに懸命であったのだが、綏子には御子の誕生なく、その後、源頼定に通じ、居貞親王とは離れてしまう。この綏子のみは外戚を築くことに不成功に終わったが、兼家にとって詮子が大いに、その基礎を築くのに貢献した。そしてこの詮子は、寛和二年七月五日には、一条天皇即位とともに皇太后宮となっている。

詮子より生まれた懐仁親王が、七歳で一条天皇となり、居貞親王は、その従兄であるが、年長である居貞（のちの三条天皇）より先に一条天皇が即位したのは、やはりこのとき、居貞の母后である女御超子が亡くなっており、一方、詮子の勢力が上り坂であったこともあって、このような結果にいたったと考えられる。この詮子こそ、のちの道長に大いなる基盤を築いていったといえる。兼家は、結局、天皇、皇太子の外祖父として権勢を確立するということになる。

花山天皇の退位ののち、一条天皇が居貞親王より先に即位したのは、円融天皇退位の際の兼家との約束によるものでもあった。

そこで円融天皇時代に遡り、その時代の後宮などもいちおうみておく必要があろう。

冷泉天皇系と円融天皇系

さて、この兼家の時代、道長の生まれ、育つ頃は、円融天皇の全盛期だった。円融の父は村上天皇である。村上天皇にはいわゆる天暦《てんりやく》の治《ち》と称する一時期、摂関を置かない期間もあった。その村上天皇の皇子に、冷泉、円融両天皇があり（母はいずれも師輔の娘、安《あん》子《し》）、その両系の皇子は、かわるがわる皇太子から天皇になるというような約束のようなものができていたらしい（『平家物語』『神皇正統記』）。

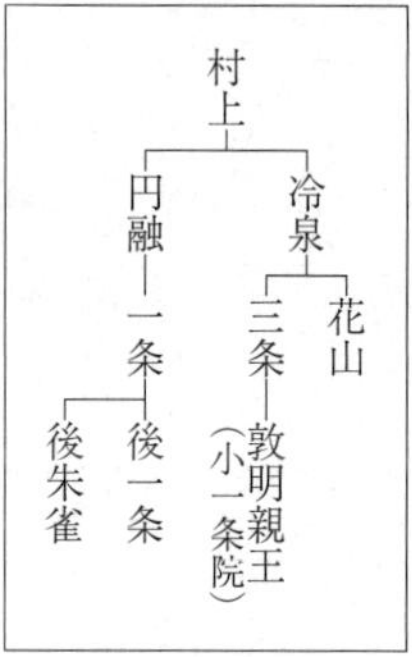

これは、結果からみて、そうなっているというのみではなく、いずれかの時期に、かようなとりきめのようなことが、多分、村上天皇の在世中に行われたとみるべきだろう。

そこで道長をみると、彼は、この二つの系統のうち、どちらかというと、円融天皇系と親しく、しかも外戚関係を結んでいる。先にも述べたように、円融天皇の女御、詮子は道長の姉である。兼家は、超子をまず冷泉天皇の、次いで詮子を円融天皇の女御とし、超子には皇子居貞親王が生まれ、詮子には一条天皇が生まれた。この詮子、一条天皇のコンビが道長とかたく結ばれることによって、道長一家の発展を促したのである。

冷泉系と円融系の二つの系統をみると、冷泉系に比して円融系は、健康であるとともに知的な面においてもすぐれていた。後述するが、三条天皇の皇子敦明親王が東宮の地位を降り、一条天皇の皇子の敦良《あつなが》親王（後一条天皇の弟宮）が東宮についたときも、かならずしも道長の強引さということでは解決できない問題がある。すなわち、三条天皇は、人柄は温和で、ひかえ目な性格であったが、前々からの眼病が極度に悪化し、それがために譲位せざるをえなくなった。また、その皇子である敦明親王も、それほどすぐれた人柄ということはできなかった。これに比して、円融系の天皇はいずれも健康であり、しかも事柄の処理もうまく、とくに一条・後一条の両天皇は、まことに心くばりのよい知的な天皇であった。ここにかたく外戚関係を結んだ道長は、将来を約束されている運命のもとにあったということができるのである。

兼家、道長の父子は、この女院詮子をたよりに自家の権力を発展させていった。兼家は、小野宮の頼忠が娘遵子《じゅんし》を円融天皇の女御とすると（天元元年四月十日）、その年の十一月四日には前述のように詮子を女御とし、小野宮家に対抗して九条家の地位を築こうとした。そして詮子はまもなく懐妊。円融天皇は、この懐妊をひどく喜ばれた（『栄花物語』巻二、花山）。天元三年（九八〇）には懐仁親王（一条天皇）が誕生する。兼家の喜びは、この上もない。一方、冷泉院の女御であった詮子の姉、超子は、天元五年の正月の庚申の夜明け（二十日）に突如、亡くなってしまった。だがこの頃、円融天皇は、先に入内した遵子とその父親である太政大臣頼忠、および詮子とその父兼家との間に入ってかなり悩んでいたのだろう。一見、決断力のやや弱いように感ぜられる態度であったが、天皇は、二人の女御のいずれを先に中宮とするかについて迷っている日がつづいた。この辺の事情は、『小右記《しょうゆうき》』の天元五年の春のところに大へんくわしく、天皇は遵子を先に立后させようと、兼家にわからぬように、ひそかに事を運んでいたことがわかる（拙著『平安人物志』所収「藤原兼家」参照）。

その結果、遵子が同年立后となると、兼家側は、一の皇子がいる女御をさしおいて、御子のいない女御を后にするとは何事かと、心中穏やかでなく、世間では遵子を素腹《すばら》の后とよんだ。この結果、兼家は詮子を宮中へ参内させることも、やや間遠になり、懐仁親王の袴着《はかまぎ》にも、兼家、詮子は円融天皇に打ち解けた様子を示さなかったという。そして儀式終了後の四日目の暁には、内裏より東三条第へ、詮子も若宮も帰ってしまったという。天皇は、このような面倒な状態にあって、ついに譲位を決心した。そして、そのときの東宮（師貞《もろさだ》親王）が即位（花山天皇）したならば、次の若宮（懐仁）をかならず東宮にすると兼家に約束して、譲位し、花山天皇の即位となり、予定通り、懐仁親王は東宮となった。

さて、花山天皇の時代は短かった（九八四〜九八六年、永観二〜寛和二）。このときは、兼家も頼忠も、とくに花山天皇とは、身内関係もなく、なす術《すべ》もなく過ごしていたが、わずか二年で退位。そして懐仁親王が七歳で即位し一条天皇となり、寛和二年（九八六）、兼家が摂政となったことは前に述べたところである。ここにはじめて、摂政の官職が太政大臣とはなれて、独立して存在するということになった。後期摂関制は兼家に始まり、一段と摂関政治が強力なものになってゆくのである。

一条天皇は幼帝であったが母后詮子が聡明であり、しかも詮子の弟が道長である。兼家が在世中は詮子と二人で一条天皇を補佐し、天皇を賢明な天皇として育てていった。また、一条天皇は親孝行であり、即位の翌年、永延元年（九八七）の正月には早速、朝覲行幸《ちょうきんぎょうこう》をおこなっている。朝覲行幸とは年始にあたって、正月三か日（あるいは四日のこともある）のうちに、天皇が父親の太上天皇、母后の皇太后に正月の拝観を行うもので、嵯峨天皇の時代から始まったといわれている。嘉祥三年（八五〇）正月四日、小雪の舞う寒風のなかで、仁明天皇が、父嵯峨、母后・橘嘉智子にまみえ、階下に跪いて拝礼したことは、孝道思想のあらわれとして有名である。

一条天皇は、この年（永延元年）八歳、早速の行幸には、人々も幼き天皇に心打たれたであろう。また、正暦元年（九九〇）正月の朝覲行幸は、さらに盛大に行われ、円融上皇と詮子、すなわち父母の御前で、天皇はまだ一一歳でありながら、笛を上手に吹いた。その音があまりにもすばらしく、上皇は感激して、笛の師である藤原高遠を三位に叙せられたという。

一方、道長はこの頃、源倫子と結婚（後述）。未来の后となる彰子の誕生は永延二年（九八八）である。やがて兼家も、六〇歳。東三条院で賀の祝が盛大に行われている。永祚《えいそ》元年（九八九）には臨時除目《じもく》があり、兼家の長男、道隆は内大臣に、道兼は権大納言に、道長は権中納言で右衛門督を兼ね、いわゆる九条家、師輔の子孫は、昇進をかさねて行くのである。

こうして兼家が摂政従一位、頼忠が太政大臣従一位の状態がつづくが、頼忠が永祚元年六月二十六日薨去《こうきよ》。同年十二月、頼忠のあとをうけて兼家は太政大臣となった。一旦、摂政を独立させて権力を握った兼家であったが、ここに摂政のまま太政大臣となっている。これは、すなわち、摂政を独立させた兼家にとっては、太政大臣になるということは、大して意味のないことのようにもおもわれる。しかし、『小右記』によれば、一条天皇の元服をその翌年（正暦元）に控えており、元服の加冠の儀には、やはり外祖父が太政大臣になっておく必要があったのである。加冠は太政大臣の役目で、単に外祖父のままであるのとは、くらべようもない。そのためもあって兼家は太政大臣となったのであろう。しかし、元服の儀（正月五日）が無事に終わったのち、正暦《しょうりゃく》元年（九九〇）五月五日、新たに関白となったが、同月八日出家。道隆が父の関白をうけつぎ、同二十六日、摂政となった。道隆の出世第一歩を喜びながら、七月二日、二条京極第を寺とした法興院《ほうこういん》で、兼家は薨《こう》じた。こうして道隆は穏やかに、その地位につくことができたのである。

一条天皇の元服が終わると、道隆は早速、長女定子を女御とする。

2　道隆の時代

兼家の後継者

道隆は、兼家のあとをうけて摂政となり、道隆一家、すなわち、中関白《なかのかんぱく》一家の発展の時期がくる。道隆と娘定子のコンビ。これより道隆の時代がはじまる。

道隆の出世はいわば父親兼家のお膳立ての上に成ったようなものであり、兼家は、道隆に関白の宣旨《せんじ》が下ったのを見とどけ、心安らいで永祚二年（正暦元、九九〇）七月二日、最後の息を引きとった。したがって道隆は、父兼家の場合のように大へんな苦労のもとに摂政の座に着いたのではなく、まことに順調にその地位につくことができたのである。

兼家は東三条第ではなく、二条第で亡くなり、兼家の東三条第は、道長の姉詮子より道長へと伝領されてゆく。詮子は正暦二年(九九一)女院号(東三条院)を与えられた。この院号は詮子が父兼家のもと、すなわち、東三条第に長く住んでいたことによるものであることはいうまでもない。女院号も、その居所によって与えられたものである(村井康彦氏『平安貴族の世界』)。そして、この東三条第に詮子は源高明の娘明子《めいし》(のちに道長の妻)を引きとり住まわせ、のちに道長が、ここに通ってくるのである。

道隆は、東三条第にときどき行くことはあっても、ここに住まぬのを原則とし、正暦三年(九九二)十一月には二条第を新造し、これを本居としている(このあと二条第は、長徳元年正月九日に南宮が、長徳二年六月九日に北宮が焼亡した)。

兼家の亡くなった年、道隆は三八歳、道兼三〇歳、道長は二五歳であった。兼家の摂政は四年間であったが、大きく摂関政治を発展させ、道隆以下への基礎を築いたものであった。

さて、道隆は、摂政・関白の地位にあること、六年間(九九〇~九九五)であった。この間の事情を次に述べよう。

道隆と摂関政治

一条天皇は、道隆が摂政になったとき、すなわち正暦元年(九九〇)は、まだ一一歳であった。この年、四歳年長の道隆の娘定子を中宮にむかえ、母后詮子のもとで道隆一家と政務をみて行かねばならぬ状況にあった。道隆は我が子伊周《これちか》を高位高官につけようと懸命になっていることが明瞭であり、伊周は正暦二年正月に一八歳で参議、正四位下、ついで従三位、権中納言にと、とんとん拍子の昇進、同三年には正三位、権大納言に昇っている。同五年には内大臣となり、全盛期に向かいつつある中関白家の政策には、道長も一条天皇も、いかんともしようがなかったのだろう。ここに当時、権大納言の道長は、内大臣となった伊周に先を越されてしまったのである。また、天皇もいわば中関白家のおもうがままになるという状況に置かれていた。しかし、この中関白家の春は長つづきはしなかった。正暦六年(長徳元)正月九日、道隆が新造し、伊周の住んでいた二条第が焼失し、これをきっかけにその権力は傾いてくる。また、そのとき焼けのこった二条第の北宮も翌長徳二年、長徳の変のさなかに焼失してしまった。この長徳の変については、のちに詳しく述べることとし、長徳の変の一年前のこと、道隆が第一の希望であった伊周に次の摂政をゆずりたいという願いは、むなしく消え去り、と同時に、中関白家は没落の一途をたどるのである。

さて、正暦元年（九九〇）十月五日、道隆の娘定子が一条天皇の中宮となったことは前述したが、そのとき、道長は中宮大夫となった。『栄花物語』（巻三、さま〴〵のよろこび）には、

中宮大夫には右衛門督殿をなしきこえさせ給へれど、「こはなぞ。あなすさまじ」とおぼいて参りにだに参りにつき給はぬ程の御心ざまもたけしかし、

とあり、中宮大夫とは何ということか、面白くないとおもって、中宮のもとへまったく寄り付きもせぬ道長の心持ちも気丈なことだ、と『栄花物語』はいっている。中宮定子の中宮大夫に道長を任じたのは、なぜであろうか。道隆の立場にすれば、その娘の中宮大夫に我が弟の道長がなってくれれば、まず無難であるとおもったのであろう。しかし、道長は、これが不快であった。というのは、兼家の死後まもないとき（『栄花物語』では六月一日定子立后。これでは、兼家の死の七月二日以前になる。定子立后は、実際は十月五日）、定子の立后は非常識である。定子の母方の叔父、高階明順《たかしなのあきのぶ》・道順《みちのぶ》・信順らのすすめによって、こんな時期に立后の儀とは、と道長は憤慨したのである。

正暦二年九月十六日に、道長の姉詮子は出家。このとき、前述のように東三条院の院号

を定められ、女院となり、上皇に準ぜられ、年官年爵を与えられた。道長は、この直後、また四人を越えて正三位となっている。道長を何かと今までかばってくれた女院詮子の出家は、まったく道長にとってつらかったことであったろうが、上皇に準ずる女院の権力は、一段と強くなった。

これより先、兼家の出家にともない、道隆は関白を受けついだ（正暦元年五月八日）。『神皇正統記《じんのうしょうとうき》』には、この関白について、

此道隆はじめて大臣を辞して前官にて関白せられき、前官の摂関も是をはじめとす、

とあるが、大臣を辞して関白という例は、兼家のときから始まっており、道隆がはじめてではない。この点、『神皇正統記』は誤っている。それはともかく、正暦元年五月二十六日の道隆の摂政就任の折、道兼を主張する声（例えば、藤原有国）などもあった。こうして弟の道兼がこの際、候補に上るということは、道兼が格別の手腕家であることによるのかもしれぬが、道隆の人物に、何か、政治家としての不安がどこかにあったようにもおもわれる。道隆はやり手であった父兼家のもとで苦労もなく、まことに順調にその地位につくことができた。それだけに、弟の道兼に常に批判的に見られるというような立場にあったのだろう。また、道兼は花山院の出家・譲位のとき、父兼家に大いに協力をしているという自負から、兼家の遺言に、兄道隆よりも先に自分を摂政の地位にとあってもよいぐら

いのことは考えていたのではないかともおもわれる。

しかしともかく道隆は摂政ともなると、早速、長女定子を立后させた。兼家が亡くなっていくらも経たぬうちの立后。これは世間からも非難のまとであったろう。『小右記』正暦元年九月三十日の条で、

皇后四人例往古不聞事也、

と、実資《さねすけ》は大へん憤慨しているが、これをみても定子立后はかなり強引に行われたと感ぜられる（実資のいう皇后四人とは、太皇太后昌子内親王、皇太后詮子、皇后遵子に加えて中宮定子をさす）。また、正暦三年一一月七日、中宮定子が二条第より入内の際、道隆一家、すなわち、権大納言伊周、右衛門督道頼が正三位に、左近衛少将隆家が正五位下に叙せられており、『小右記』（『諸院宮御移徙部類記』所収）には、「此加階等、未レ得二其意一」とあるように、中関白家の強引な政策については、実資もつよく批判していることが『小右記』にたびたびみられる。道隆はこの頃が全盛期であったのだろう。四十賀を行い、興福寺の僧らが参賀する（『日本紀略』）など華々しいふるまいがみられる。同四年四月二十二日、道隆は再び関白となっている。

さて、正暦五年八月二十八日、右大臣重信が左大臣に、内大臣道兼は右大臣に、さらに権大納言伊周が内大臣に任ぜられた。このとき伊周は三人を越してなっており、権大納言

であった道長にとっては、同じ権大納言であった伊周に先を越されて、不快きわまりないことだったろう。これは明らかに道隆の全盛時代に、次の摂政の地位を固めておこうとする意図であったろうとおもわれる。

長徳元年（九九五）、一条天皇は一六歳であった。天皇と定子の間は仲睦まじく、まずは円満であったとみてよかろう。だが、道隆は直情型の性格であり、父兼家の気質を引いてか、一度思い立ったらやり遂げねば気がすまないという一面があった。政治家としてはとくにこれという業績もなく、娘定子が中宮であることを頼りに、また、父兼家の築いた道を静かに歩んでいたというにすぎない。一条天皇も、まだ年が若い。はじめは、道隆、定子の思うままになっていたであろうが、一五、六歳ともなれば、かなり個性も出てきたのであろう。長徳元年、この年道隆が病となると、その後のことに関しての道隆とその妻高階貴子《たかしなのきし》とその兄弟（明順・道順）および父親成忠《なりただ》らの強引さには、ほとほと天皇もまいってしまった様子がうかがえる（詳しくは後述）。この時期の、道隆の妹にして道長の姉である詮子（正暦二年、女院）の動きを、ここでみてみよう。

詮子はこの頃、国母《こくぼ》のような立場にあり、円融上皇の后、一条天皇の母后で皇太后である。ここにいたるまでの詮子の行き方をみてくると、道隆よりは道長のほうに好意をもっていたようである。しかし、詮子がこの全盛期の中関白家、とくに道隆や高階家の人々のやり方などに対して、いかなる考えをもっていたかは、それほど明らかでない。『小右記』の実資は、のちに述べるように、道隆、伊周、高階家の人々らを批判しているが、その『小右記』にも詮子の中関白家に対しての気持ちなどは書かれていない。全盛期の中関白家（道隆一家）に、女院詮子が、感情的に面白くない気分でいたとか、その道隆らの行動に好意をもたなかったとかいう様子はみえない。

正暦年間、中関白家の全盛時代。中宮定子が新嘗祭の五節の舞姫を出す。介添《かいぞえ》の女房の人数が少し不足というので、女院詮子と淑景舎《しげいしゃ》（定子の妹原子《げんし》）の女房を一人ずつ借りたという（『枕草子』九〇段〔『日本古典文学大系』〕）。

また、中関白家にとってまさに絶頂期ともいうべき正暦五年二月二十日、積善寺《さくぜんじ》供養が営まれた。これは兼家の法興院の境内に道隆が建てた寺で、ここで一切経供養が行われる。その前、二月はじめ頃（十日と異本にはあり）に中宮定子が二条第へ入る。道隆をはじめ伊周、定子の妹の原子（居貞親王〔三条天皇〕の東宮妃）、その妹の三女、四女の御匣殿《みくしげどの》らがずらりと並び、まったく繁栄期のさなかの寺の供養である。これは道長の晩年の全盛期の法成寺《ほうじょうじ》供養に匹敵するものといってよかろう。

いよいよ経供養当日。詮子のお迎えのために、道隆をはじめとして殿上人、地下《じげ》の人（五位以下の人）たちなども御所に参上する。女院は、一五台の車をつらねてお出ましになった。そのうちの四台は尼の車で、水晶の数珠、うす墨の裳、袈裟がこぼれ出《い》で、先頭の女院の車は唐車である。つづいて女房の車が一〇台という状態であった。以上はその日のさまが目にみえるように書かれている『枕草子』の描写だが、

関白殿、その次々の殿ばら、おはするかぎり、もてかしづき、渡したてまつらせたまふさま、いみじくめでたし、（二七八段〔『日本古典文学大系』〕）

と道隆をはじめ、多くの殿上人たちが、女院のお世話をしてお供申し上げていらっしゃる様子は、「いみじくめでたし」と、もう、清少納言は、この女院の行列に感激しきっている。つづいて中宮定子の御入場。寺に到着すると、音楽とともに獅子、狛犬の舞も盛んで、仏の国へ来たようである、と清少納言は表現する。中宮大夫である道長は、この日、まず詮子のお供に参じ、その後、定子のお供に駆けつける。定子は、道長が詮子の場合と自分のお供とのみじかい間に、同じ下襲《したがさね》では平凡であると、素早く衣裳の下襲を取り替えているのをみて、「いとすき給へりな」（ずいぶん、おしゃれね）といって気持ちよく微笑む。また、その中宮定子のよろこびの様子をみて、清少納言は感激する。

女院の御桟敷、所々の御桟敷ども見渡したる、めでたし、

とあり、道隆は、中宮の桟敷の前を通って、まず、女院の桟敷に参上し、しばし経って、中宮の所へ参上している。法会《ほうえ》が終わると女院は還られる。このとき、詮子は中宮に、こ

んなに近くにいるのにお互いに多忙でお話しする間もないとの意味の和歌、

みちのくの千賀の塩釜ちかながらはるけくのみも思ほゆるかな

を贈られる。

中関白家全盛期の、この積善寺供養を描く『枕草子』の筆によれば、女院詮子も和気あいあいとして、この場に参加し、また、道長も定子の中宮大夫として、このときは快く仕えている様子である。

また、一条天皇は先にも述べたように、母后詮子には大へんよく仕えており、たびたびの朝覲行幸もそのあらわれである。もう一つ『枕草子』の例を挙げよう。

長徳元年の十月二十一日とおもわれる石清水八幡宮への一条天皇の行幸である。その翌日還御の際、天皇は母后詮子の出迎えている一条の桟敷に御輿をとどめ、御挨拶にうかがう。清少納言は、その親おもいの主上の気持ちを察すると、女院は嬉しさに飛び立ちそうに思われるだろうと想像し、普通の身分の人でさえ、誰しも、優秀な子をもつのは喜ばしいことであるものを、女院がこの天皇をお子様にもっておられるのは、どんなにめでたいことかとお察し申し上げるのも勿体ない(『枕草子』一二八段)、などといっている。

このように、一条天皇の母后おもいは有名であり、また母后詮子も天皇にひとしおの親しみをもつのであった。だが、定子がせっかく一条天皇の后になっても皇子が生まれない

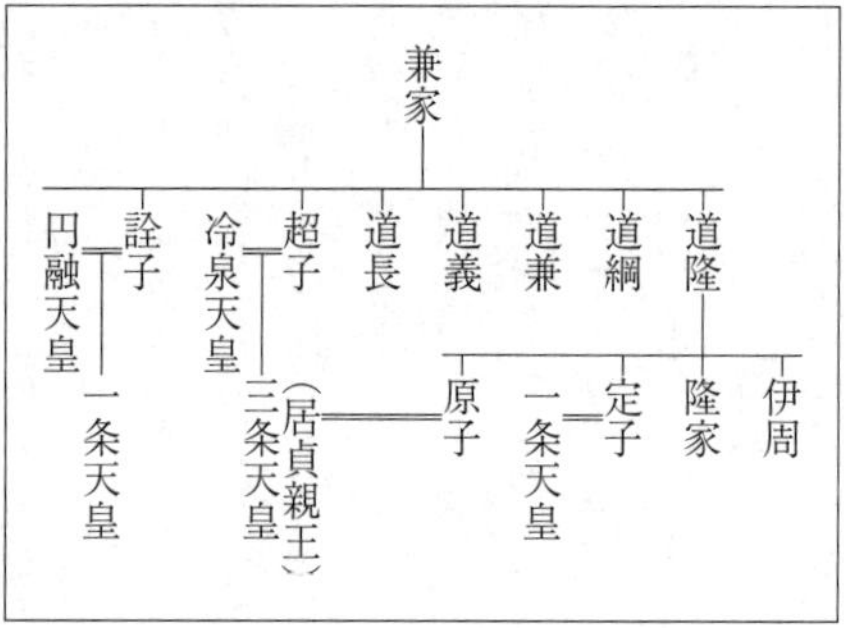

ことに、詮子はしだいに飽き足らぬものを感じてきたらしい。

長徳元年は、こうして、『枕草子』からみると、天皇と母后詮子が穏やかに過ごしており、華やかな中関白一家の様子が、ありありと浮かび上がってくる。しかし、この年、道隆が亡くなり、中関白家は大へんな事態に直面していくのである。

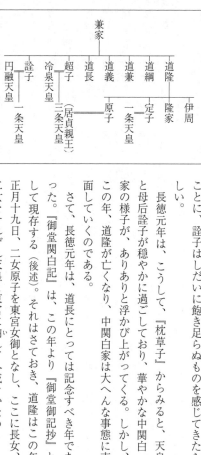

さて、長徳元年は、道長にとっては記念すべき年であった。『御堂関白記』は、この年より『御堂御記抄』として現存する（後述）。それはさておき、道隆はこの年正月十九日、二女原子を東宮女御となし、ここに長女、二女をそれぞれ天皇と東宮に納《い》れて外戚をかためようと頑張っている様子がうかがわれる。

しかし、長徳元年三月九日、関白道隆は自分の病を理由に息子の伊周《これちか》を内覧にしようとする。それまでも道隆は病のためか、長徳元年に入ると二度上表している（二月五日および同二十六日（『本朝文粋《ほんちょうもんずい》』四））。彼はこの頃より、次の世代は伊周にと、いろいろ考慮していたのであろう。道隆は高階成忠の娘貴子《きし》を妻としており、伊周、定子、隆家、原子らは、いずれも貴子より生まれている。伊予守藤原守仁の娘を母とする長男道頼は、長男でありながら道隆からはやや冷たくあつかわれ、兼家の養子となっている。伊周らの母親貴子は、道隆の妻となる以前に宮仕えしたこともあり、高内侍《こうのないし》とよばれていた(『栄花物語』巻三)。女性でありながらも真名《まな》などもよく書き、高内侍とよばれるように、尚侍《ないしのかみ》となっていたこともある。その血すじであろうか、伊周、定子らは、文才にたけており、『栄花物語』をはじめ、清少納言のこまやかな描写によって『枕草子』にも、彼らの学問的サロンのさまが、一条天皇と定子を中心に、生きいきと書かれている。『大鏡』は、

この殿(伊周)も、御才《ざえ》日本には余らせたまへりしかば、かかる事もおはしますにこそはべりしか、

と伊周の左遷(長徳の変)に同情の筆をしたためている。

さて、長徳の変について述べる前に、その当時の政情について少し触れておこう。この年は疾病が流行し、大納言朝光《あさみつ》(三月二十日)、同済時《なりとき》(四月二十三日)らをはじめ多くの人々が、病におかされて亡くなっていった。次に述べる関白道兼も、その一人だが、これがまた道長にとって出世を開く糸口となった。道隆の健康がすぐれなかったのも、おそらくこの病によるのであろう。

道隆はこのような状態にあるとき、文書の内覧を伊周にまかせるように天皇に願い出ている。

道隆と伊周

さて、長徳元年（九九五）三月八日、伊周は折からの雨をおかして参内し、官奏に候していた。頭中将藤原斉信《ただのぶ》が天皇の勅を伊周に伝える。すなわちその内容は、道隆が病の間だけ文書や宣旨を関白に触れ、それから、内大臣に伝えるようにということであった。伊周は、これに憤慨し、「勅之旨頗以相違」（『小右記』）という。関白が病の間は、専ら内大臣に委ねると承っていたのに、まず関白に触れ、そして伊周に相続いて文書を見さしめるべしとは、どういうわけだろうか、私には納得がゆかない——伊周は斉信に早速、この旨を天皇に奏聞させる。天皇は関白道隆にたずねてみようといわれ、斉信は関白家に馳せ向かう。『小右記』はここまで記し、そして、

此事大奇異之極也、必有二事敗一歟、往古未レ聞二如レ此事一、

（この事は、はなはだ奇異のきわみなり。かならず事の敗あるか。往古、いまだかくのごときことを聞かざるなり）

と書いている。中関白家一家に高階家の人々の考えも加わって、この強引さはすさまじいものであったことがわかる。結局、翌日（九日）、伊周に道隆病間内覧の宣旨が下った。ところが伊周は、なお、やはり、満足しない。関白病間の間の字を除いて、関白病替と直してほしい、と大外記《だいげき》致時《むねとき》に申し入れたという。これは伊周一人のみの考えではなく、高階家の信順が左少弁であったことから高階家の人々の入れ知恵もあったのだろう。『小右記』同十日条には、

謀略の甚しき、何人之に勝る。主上の御気色、関白病の間見るべきの人無し、之を如何となすと、仰せ下す所也。彼の人等偏に関白の詔を蒙るべき由を奏すと云々。然れども、天気許さず。近代之事知らざる所なり。

とあって、実資は中関白家のこの行動をつよく批判している。道隆の臨終の期にのぞんで、天皇が最後まで、こうして伊周に内覧の宣旨を道隆の病間のみとしたことは、やはりそれなりに理由があろう。一条天皇は、このとき一六歳。天皇としても、道隆・伊周父子に高階家の人々が加わったこの強引さは、不快であったのだろう。天皇が伊周に容易に内覧を下さなかった理由について、もう一つ考えられることは、東三条院詮子の考え方である。詮子は一条天皇の母后。天皇の摂政について大いに気をくばっていたことは当然である。女院となって、大いなる力をもっていたことは明らかであり、この問題に関しても東三条

院詮子が天皇の背後にあって、その意向を示していたであろうことは充分に考えねばならない。東三条院詮子は、しかし、いままでにかなり中関白家の人々にも好意ある態度を示していた事実は、前述のように多くみられる。だが、また一方、道隆の弟、道兼、道長らは詮子の弟である。伊周よりも、摂政を彼らにやらせたいことは、詮子にとって当然であろう。

結局、道隆の死（四月十日）から十数日たって、道兼に関白の宣旨が下ったのである。この際、道兼自身はどうかまえていたか。まったく文献にないため何とも判断しかねるが、だれが道兼を推したと考えたらよいのであろうか。道兼自身、花山院の出家の際、兼家に貢献を果たしていた。その理由から、兼家の薨去《こうきょ》後、兄道隆をさし置いてまでとはおもわぬものの、道隆のあとは自分であると考えていたのは当然である。詮子に働きかけていたのであろうかなどともおもわれるが、そういう様子もなく、また、詮子は道兼をあまり好きではなかったらしい。このようにみて行くと、道兼も積極的に動いたのでもなく、天皇が伊周によほど内覧や関白、摂政をやりたくなかったことが第一であったようにも考えられる。やはり、『小右記』のいうように、あまりにも中関白家のやり方が強引だったことが、天皇の気持ちを伊周にはやれないと決心させる大きな原因であったとおもわれる。なるべく関白は兄弟順にという気持ちが天皇につよくあり、そこへ強引な中関白家のやり方である。天皇はほとほといや気がさし、落着くべきところへ落着いたのが、道兼の関白だったのだろう（関白宣旨は、四月二十七日）。

だが道兼は、奏慶の日（五月二日）よりわずか七日後に病死してしまった。悪疫のためであろう。この道兼の病重さとき、実資は病床をおとずれ、まず関白就任の喜びを申し述べている。その友情深い対面の情景が、『大鏡』にことこまかに書かれている。中関白家に対してはあれほど強い批判のあった実資が、道兼にはよほどの好意があったのだろう。余談ではあるが、実資も相当に好き嫌いのはげしい人物であったようである。

道兼死後、三日目に道長に内覧宣旨が下った（五月十一日、『朝野群載』七摂籙家、『日本紀略』、『公卿補任』。『大鏡』にも詳しい記述がある。後述する）。同日の『小右記』には、

大納言道長卿蒙二関白詔　之由云々、

とあり、実資の所へ道長が関白の詔をうけたと早合点の情報を伝えた人があったのである。『小右記』はときどきこのように実資自身、未確認のことがらを、「云々」のかたちで書きしるしていることがある。そこで実資は、

仍取二案内一、頭弁示送云、非二関白詔一、

と確認した。

おもえば道長は運のよい人である。この流行病の結果、先述の朝光、済時のほか、数人

の公卿たちが薨じている。彼らが健康で公卿陣を占めておれば、この時期に道長が内覧をうけることができたかどうか疑問である。道長は、その日の喜びを、「五月十四日己未、参内、吉書」（『御堂御記抄』）と日記に書いている（もっとも、これは『御堂御記抄』であるから、もとの日記である『御堂関白記』には、もっと詳しい記事があったのかもしれない）。『大鏡』（太政大臣道長）に、

かく大臣、公卿七八人、二三月の中にかきはらひたまふこと、希有なりしわざなり。それもただこの入道殿の御幸《さいはひ》の上《かみ》を極《きは》めたまふにこそはべるめれ。かの殿ばら、次第のままに久しく保ちたまはましかば、いとかくしもやはおはしまさまし、

とあって、その運のよさをたたえている。五月三十日には冷泉院別当となっている。六月五日には道長自身、『御堂御記抄』に「任大臣宣旨」とあるとおりで、任大臣の兼宣旨を賜っている。

さて、道長は内覧宣旨をうけたものの、まだ権大納言であったが、この年、六月十九日には右大臣、氏長者《うじのちょうじゃ》となる。『御堂御記抄』に「任大臣、又持参朱器台盤等」と書き、まもなく藤原氏の勧学院の学生らが慶賀に参っている。二十三日には「初著陣、昇進後初宿」と日記にあることからしても、内覧後、初めて右大臣となり著陣のよろこびが短い文章のなかに生きいきとみえる。『御堂御記抄』の二十七日の条も、

巳時始用㆓氏印㆒、

と、右大臣となって政務をはじめて執るよろこびがあふれている。つづいて、

今日始依㆑覧㆓吉書㆒也、又始覧㆓冷泉院、東三条院請印目録等㆒、

とあり、詳しいことは、これだけの記述ではわからぬが、冷泉院、東三条院にもすべて右大臣内覧として職務を果たそうとするきびしい心がけがみえる。そして七月二十八日には、蔵人所別当に補されている。そして道長は、親しい藤原行成《ゆきなり》を蔵人頭にして周辺をしっかりとかためて行く。

だが、一方、内覧を受けられなかった伊周は、妹定子が中宮であるにもかかわらず、すっかりどん底に落ちた中関白家を、何とかしたいというふうな気概もあったろう。一条天皇の第一皇子がもし生まれれば、また、何とか期待をもつということもできようなどとも考えたのであろう（四年後の長保元年に生まれる）。

このようないらだつ気分でいる伊周は、その年七月二十四日、陣座で道長と口論をするにいたっている。『小右記』によれば、上官や陣官の人々や随身《ずいじん》たちが壁の後ろに集まり、心配して聴耳を立てていたという。その三日後、こんどは七条大路で伊周の弟、中納言隆家の従者と道長の従者とが闘争する。『小右記』では「濫吹事多、似㆑無㆓皇憲㆒」と嘆いている。そしてついに八月二日には、隆家の従者が道長の随身を殺害するところまで発展す

る。いずれも、これらの小事件は、伊周のほうのやむにやまれぬ口惜しい気持ちが行動に出てしまったのであろう。また、八月十日には、高階成忠《なりただ》が陰陽師をして右大臣道長を呪咀せしめたと『百練抄』にみえ、道長にとっていまわしくおもわれる事件がつづく。

長徳の変

やがて、このような状態が、長徳の変となるのである。すなわち、伊周のいらだつ心が、こんどは花山院との問題へと波及してゆく。

さて、花山院は当時すでに出家しており、法皇であるが、故太政大臣為光の四番目の娘、すなわち、四の君に通っていた。ところが、伊周もまたその姉の三の君と恋仲にあった。伊周はこの頃、気がいらだっていたのであろう。人間、気の落着かぬときには、つまらぬあやまちをするものである。自分の恋人である三の君と花山法皇の通う四の君とを同一人物と勘違いをし、伊周は法皇が自分の恋人を横取りしようとしているものと誤解し憤慨したのである。そして弟の隆家と相談し、その従者とともに弓で法皇をおどし射ちしたのである。矢は衣の袖を通したと『栄花物語』(巻四、みはてぬゆめ)にある。さすがに法皇も驚かれ、院に帰られて「ものも覚えさせ給はで……」という状態であったという。『栄花物語』をはじめとして、『日本紀略』にも、花山法皇が為光邸に密幸のときの事件（長徳二年〈九九六〉正月十六日）、とあるが、事実は、もっとひどかったらしい。『小右記』（大日本古記録本。三条西家重書古文書一所収、九条殿記裏書の『野略抄』による）によれば、為光邸で花山法皇・伊周・隆家の三人が遭遇し、闘乱があって法皇の御童子《みどうし》二人が殺害され、首が持ち去られたとある。道長が実資にその消息を伝えてきたことになっている。おどし射ちであった（『栄花物語』）か、もっとはげしい乱闘事件であった（『小右記』）か。しかし、これが殺人事件にまで発展していることは、ほぼ間違いないものとみられる。これがこのまま済まされるはずがない。『愚管抄』にも伊周の解任を「尤可レ然ト時ノ人云ケリ」とあるように、伊周が左遷になるのは当然のことであったとおもわれる。しかるに、同じく『愚管抄』には、

コノトガナレド御堂ノ御アダウ（阿党）ガナド人思ヒタリ。

とある。すなわち、この事件は道長の仲間がやったなどという噂がながれ、一条天皇も心を痛ませられたという。道長が、内大臣伊周に無実の罪をきせて左遷しようとしたというようなことを人々が噂したというのは、この『愚管抄』のいうところをとりあげてひろがったのだろう。現在でも、これを安和《あんな》の変（九六九年、藤原氏の他氏排斥のための策謀とみられている）と同じように、道長が伊周を排斥するためにやったことということうふうに解釈す

る説もある。しかし、それは以上説明したとおり無理であり、「急速な処分がおこなわれて当然」とか、「中関白家にとって自滅行為以外の何ものでもない」といった見方が、おおよその事実に近い線であるとおもう。

道長は、これに対し、静かに事の運びを見守っていたのであろう。長徳二年正月二十五日の除目で伊周の座がはずされ、二月五日には伊周の家司《けいし》菅原董定らの宅が捜検され、ひそかに伊周が兵を養っているという噂なども出てくる。その結果、七、八人の兵が逃げ去ったなどとも『小右記』に書かれており、不穏の空気が充ちている。そして同十一日には陣定《じんのさだめ》の場の道長に頭中将斉信が天皇の仰せを伝え、伊周、隆家の罪名を勘申《かんじん》せよとのことになり、一座のものは嘆き、明法博士《みょうぼうはかせ》に先日の為光邸の闘乱をしらべさせることとなった。

この頃、道長の姉詮子（一条天皇母后）は、病気がちの日が多く、三月二十七日には、院号、年官年爵を辞すというほどであった。その折も折、女院の寝殿の板敷の下から厭物《まじもの》が掘り出された。これは院を誰かが呪咀《じゅそ》しているにほかならないと『小右記』同二十八日条にあり、四月一日には伊周がひそかに大元帥法《たいげんのほう》をおこなっているという噂が立つ（『日本紀略』、『栄花物語』巻四、みはてぬゆめ）。これは朝廷のみが行える法で、臣下はやってはならぬものとされている。それをひそかに伊周がやっているということになり、伊周にとって不利な証拠が次々とあがってくる。ついに四月二十四日、除目が行われ、伊周は大宰《だざいの》権帥《ごんのそち》、隆家は但馬権守《たじまのごんのかみ》と決定する。左遷の宣命が読まれる。すなわち、『小右記』同日の条に、

召㆓大内記斉名朝臣㆒、仰㆓配流宣命事㆒、

とあり、その内容は、

射㆓花山法皇㆒事、
咒㆓咀女院㆒事、
私行㆓大元法㆒事等也、

とある。これが宣命で伝えられ、早速に固関《こげん》、これより先に、諸陣の警固などが行われた。実資は検非違使別当《けびいしのべっとう》であったから、『小右記』にそのときの事情はことこまかに書かれている。検非違使に伊周・隆家の追捕《ついぶ》の命令が下った。左衛門権佐惟宗允亮《これむねのただすけ》が検非違使のリーダーとなり、二十五日、左衛門府生茜忠宗《あかねのただむね》らとともに伊周の家へと向かった。そのとき伊周は妹の中宮定子と二条第にいた。允亮は検非違使とともに二条第の内に入り、寝殿の西対《にしのたい》の伊周の住居で勅語を伝えたが、伊周は重病のため配所に向かうことができないといい、それを忠宗から天皇に伝えると、天皇は許容なく、早く車に載せて任地へ向かわせるようにと仰せがあった。二条大路は伊周の任地に下向のさまを見ようと見物人や車

が雑踏していた。二十八日になっても伊周は中宮御所で中宮定子といっしょにいて離れない。二条第の中から人々の悲泣の声が聞こえ、それを聴く者は涙を拭ったと『小右記』に書きつづられ、検非違使たちも手のつけられない状態がつづいていた。

五月一日になってふたたび宣旨が下り、検非違使は戸を打ち破って中に入り、隆家がまず出て来て捕えられ、隆家は直ちに配所へ向かわされることとなった。伊周は姿が見えず逃亡してしまっている。翌二日の捜検も非常にきびしく、夜大殿《よるのおとど》、組入《くみいれ》、板敷《いたじき》なども実検するという念の入れようで、ついに中宮定子は「無限の大恥」に堪えられず出家（自分で髪を切り尼姿となる）をしたと伝えられ、実資は『小右記』に「事頗似《タリ》レ実《ニ》者」と意味ありげな書き方をしている。早速、伊周の行き場所をさがすことになる。允亮や忠宗が高階信順らに問いただすと、彼らは伊周の近習の左京進《さきょうのしん》の藤原頼行《よりゆき》が伊周の在所を知っているだろうといい、頼行が問いつめられて愛太子山《あたごやま》に向かったと答える。そこで、その方面の捜索もおこなったが、馬鞍などはたしかにあったものの伊周をみつけることはできなかった。四日、伊周は帰京し、配所へ向かわされることとなったが、病気を理由に播磨にとどまることを許された（十五日）。母の貴子も、同行を禁止されていたのだが、山崎までついて行って、そこからつれもどされたと『小右記』にある。これより少し前、伊周は貴子とともに出家し、五日、六日に、伊周・隆家は検非違使から領送使の管轄となったことが

『小右記』で明らかである。

六月九日には中宮定子の御所、二条北宮が焼亡。定子は叔父の高階明順宅へ侍の男に抱かれて移ったという。重なる不幸に定子はすっかり気力を失っていたのだろう。

一方、道長家では二男教通が誕生し、六月十三日には七夜の産養《うぶやしない》で、公卿たちが多く会合していると『小右記』は伝聞で書いている。七月二十日、道長は左大臣に任ぜられ、これも女院詮子のこころざしであったことが知られる（『小右記』七月二十五日）。

定子の出家を機に一条天皇には、二人の女御が入内する。大納言公季《きんすえ》の娘義子《ぎし》（七月二十日入内、八月九日女御）、右大臣顕光《あきみつ》の娘元子《げんし》（十一月十四日入内、十二月二日女御）である。定子は一時、早まって出家をしたものの、十二月十六日、脩子《しゅうし》内親王が誕生している。中関白家の人々は、道隆が存命中であれば喜んだのにと、口々にいい、また、男子ならばもっとよかったのにと嘆く一方、今のこの時、男子でないほうがかえってよかったかもしれないなどともいう。定子をはじめ中関白家の人々は、天皇には直ちにはっきりと誕生を奏上することも遠慮があったのか、東三条院詮子に申し上げる。女院からはいろいろとこれについて世話をされたと『栄花物語』（巻五、浦〳〵の別）にみえる。このような状態にあるとき一条天皇の気持ちは、いかなるものであったか。想像にあまりあるところである。

義子と元子はせっかく入内し女御となったものの、天皇の愛がそれほど深まらぬのは当然であろう。

さて、その間、十月八日、伊周はひそかに播磨より入京して中宮御所に隠れていることがわかり、検非違使をして、中宮御所および播磨を実検せしめ、十一日に伊周は大宰府に送られている。『栄花物語』（巻五）に、

すべて都のちかきがする事なりとて、また〳〵もかくぞあらんと此たびはまことのつくしへとて、けびゐしどもをくりたてまつるべき宣旨くだりぬ。

とあり、伊周は母貴子に対面したく、ひそかに上京したのだが、これが伊周にとってはさらにマイナスとなるのである。また『小右記』（十月八日）に、

外帥先日令レ奏二出家一之由、被レ改二官符一、而尚猶不レ剃レ頭云々、

とあって、伊周は先日、出家と官符を改めたが、じつは剃髪をしておらぬとのことがわかり、実資はつづけて「誰謟〔詐カ〕之甚歟」（いつわりの甚しき）と書き、さらにこのことに対して、

積悪家被二天譴一歟、後人可レ怖乎、、、

と、十一日の条にはあって、実資は、ひどくこれを非難している。

この月、十月二十日あたりに高階貴子は薨《こう》じている。伊周は病気の母に、もう一度会いたいという気持ちも昂じ、近づく定子のお産も気になったのであろう。

やっとのこと、伊周は十二月八日に大宰府に到着（『扶桑略記』）。現地では、大宰大弐藤

原有国の厚遇を受けている（『栄花物語』巻五）。

だが、翌長徳三年（九九七）に伊周・隆家は罪を許され帰京する。これは東三条院の御悩（病気）のため、その全快を祈っての大赦が行われたことによる。道長は左大臣として大赦決定の会議に出席し、『小右記』によれば、道長は先例を尊重して召還を主張している（『栄花物語』が敦康親王誕生による召還としているのは誤り）。隆家は四月、伊周は十二月にそれぞれ帰京がかなった。

同じ年（長徳三年）の七月五日には公季が内大臣に、また道長の腹ちがいの兄道綱は、大納言となった。これに対し、道綱は去年中納言になったばかり、他に任ずべき人があるのにと、実資は越任されたことを憤慨している。

さて、長徳の変についての道長の態度を、ここにまとめてみよう。伊周は花山法皇を、弓でおどし射ちをした。これは、この事件一つでも罪科に問われて当然である。しかし、道長は、この間、積極的に急いで左遷にもってゆこうとはしていない。村井康彦氏は、「これはおどし打ち程度のものではなく暗殺未遂事件といったほうが事実に近いのかもしれない。そして時が時だけに、この事件は中関白家にとって自滅行為以外の何ものでもなかったのである」（『平安貴族の世界』）といわれており、伊周の自滅となる事件であったことはいうまでもない。道長は伊周を大宰権帥にするまで各方面の調査を進め、事の次第をじっくりと見守っていたのである。長徳の変は、前述したとおり、安和の変と同列には論じられない。つまり、道長が仕向けて、いわゆる無実の罪をきせたというものではない。伊周・隆家が為光邸で花山法皇と闘争し、殺人事件にまで発展したという事態が『小右記』（『野略抄』）に書かれているのである。ただ、この事件の前に伊周が道長を越して内大臣になっている。だから道長が伊周に内大臣を先越されたためのうらみをもち、伊周を倒すためにつくりあげた手口であるというふうに考える説も、かつてはあったが、それは現在では考えにくいことである。明らかに無理であって、まず伊周・隆家の身から出たあやまちとみるべきであろう。この結果、道長はおのずと政権の第一線に立つことができたのである。

結局、長徳の変は中関白家が没落し、道長が発展する分岐点となる事件であった。すなわち、道長は策を考えるという必要もないうちに、伊周らがあせり過ぎて、つまらぬ事件をひきおこしてしまったのである。

道長には結果的に幸運なめぐりあわせとなったといえよう。その反面、以上述べてきたように、伊周は内覧宣旨もあせり過ぎて失敗し、その上また、長徳の変というつまらぬ事件を花山院との恋愛にからむ女性の問題から引きおこしている。いずれも道隆や伊周のあさはかな考え方が原因である。

さて、この長徳の変については『御堂関白記』に何も書かれていない。先にも述べたように、長徳元年が『御堂御記抄』にあり、以下は同二、三年は、まったくなく、四年が七月に五日、七日、九日、十日と四日間のみ、しかも一行か二行ぐらいの短い記述が存するのみである。この記述の仕方から考えると、これはやはり、「日記」がまだ書きはじめのため簡単であったとみるべきであろう。長徳の変をはじめ、長徳年間の主要史実は、『御堂関白記』にはまったく書かれてないのである。したがって、中関白家に関する記述が『御堂関白記』にないということを、道長が書きたくなかったから書かなかったのだなどと考えるのは、行き過ぎであろう。長徳年間は、まだ、日記の書きはじめのため、何も書いていないのであって、多くの史実を書き並べている中に、長徳の変のみを書いていないというのなら、そのような推論も成り立つだろうが、これによっていろいろの推論を建てることは無理である。これ以前に、道長が日記を書いていたかどうか。これもはっきり決定はできないけれども、この書き方はやはり先にも述べたように日記の書きはじめであるからとみるべきであろう。そして長保、寛弘と記述がだんだん詳しくなってゆくということからみても、これは長徳年間に、内覧、左大臣となったのを記念して日記を書きはじめたと考えるのが自然であろう。

道長にとっては、この内覧、左大臣もむしろ思いがけない上席だったのだろう。一度にここまで上がってしまうとは想像だにしてなかったのではないかともおもわれる。慎重な彼は、長徳の変に対しても自然にことが運ぶよう、一条天皇の気持ちを尊重し、事態を静かに見守っていたのであろう。

さて、この地位まで昇った道長は、次に考えるのは外戚を築くことである。中関白家の全盛期には一条天皇の中宮として道隆の娘定子がおり、その全盛期は短かったが（約五年）、その間は、大へんな繁栄ぶりであった。また、そこには定子に仕える優秀な才女清少納言もいて、その後宮の繁栄の雰囲気を彼女独特の美しい筆で書き上げた『枕草子』があり、道長もそれらの評判を耳にし、道隆亡きのちは、いずれ自分もこのような雰囲気を造りたいと念願していたのであろう。

結局、道隆が長徳元年四月十日に薨じ、つづく関白道兼も、七日後に薨じる（この間のことについては、詳しく後述する）。すると道隆の息子伊周は、チャンス到来とばかり夢中になってあせりを起こし、母の実家の高階家の人々とともに、我が方に幸運が向くようにと祈りまでする。しかし、ついに伊周には幸運は来たらず、道兼の関白をへて、道長が内覧宣旨をうけるという結果になってしまった。

この間、一条天皇は、政権のなり行きについて、かなり苦しまれた。しかも、伊周は内大臣、道長は権大納言であった。伊周としては当然、然るべき地位は、こちらにめぐると確信をもっていたのである。また、一条天皇にとって伊周は我が后、定子の兄である。結果をみれば、何か道長が強引な手をつかったのかもしれないなどとも考えられぬこともない。しかし、そのような形跡は、文献の上からは全然みることができない。むしろ、『小右記』によれば、中関白家のやり方がすこぶる強引であって、実資もあきれ果てたように書きしるしている。そこで天皇には、少なからず判断に苦しむ点もあったろうが、ついに道長に内覧宣旨を下したのである。

とにかく、ここに至るまでの道隆のやり方は、伊周をその地位につけるのに大へん性急であった。考えてみれば、道長を越して伊周が内大臣になったのも、いわば、伊周の父、道隆の強引さによるものである。女院詮子は、これをよく見ぬいていた。さらに女院は、政治家としても伊周よりは道長のほうが数段しっかりしていることも、同じく見ぬいていたのであろう。伊周の今までの人柄をみると、どこか頼りない反面、父道隆の喪中でも独断専行がめだち、衣の丈の長短を指図したり（これを伊周は公家新制と考えた）、彼なりの政治をとっていたのだが、世間からは非難が多かった。そこで女院詮子は、一条天皇がこの件についてなお迷っている様子をみて、天皇の夜のおとど（寝所）にまで入ってゆき、天皇に言って聞かせた。

天皇は、詮子があまりにつよく道長を内覧にするようにといわれることに対し、一旦、部屋を出ようとされたところ、詮子はその袖をとらえて泣きながら内覧を主張した。と『大鏡』（太政大臣道長）にある。詮子はこのとき、道長を上の御局の戸口のところに待たせていた。道長は、姉詮子が久しく出て来ないため、胸をときめかせていたが、やがて戸を押し開けて詮子は出て来て、顔を赤らめながら、笑顔で、「あなたに宣旨が下りましたよ」といったという。

これは一つの説話ではあるが、詮子の努力がいかに大きかったかが物語られており、詮子もやはり、『小右記』で実資が語るのと同じように、道隆・伊周のただひたすら強引な政策のみに走る人柄に好感をもつことができなかったのである。

さて、その結果、道長に内覧宣旨が下った。内覧とは、太政官の文書、すなわち、天皇へ奏上し、また、天皇が下へ命ずる文書などを、内々に覧《み》ることができることをいうのであって、内覧宣旨が下ると、実際には摂政、関白とほとんど同じということになるが、正式の摂関とは、やはり異なる。だが、こうして詮子の援助を仰ぎながら、内覧という地位にまで道長は達したのである。ここに至るまでに、長徳の変で伊周が失脚し、疫癘《えきれい》で自分の先輩にあたる人々が亡くなったことなどから、道長には幸運がめぐってくる結果になり、以後、安泰に過ごしていくことができるのである。

長徳の変で定子は、心配のあまり出家し、義子（公季女）、元子（顕光女）が、この機に乗じて入内《じゅだい》したもののその二人には皇子は生まれず、長保二年(一〇〇〇)にいたり彰子が立后することによって、道長の地位は、よりいっそう確固たるものとなって行くのである。この間、女院詮子は一条天皇の女御のなかから早く皇子が誕生することを祈っていたのだが、長徳四年(九九八)の道兼の娘、尊子《そんし》の入内にも、それが実現できればという気持ちがあった。道長も、これには致し方なく、入内に関してのちょっとした仕度などにも意を用いたという。

しかし、一条天皇の定子への愛はつよく、定子との間には脩子(長徳二年十二月十六日)、敦康《あつやす》(長保元年十一月七日)の二子が生まれた。そして、長保二年十二月十六日、定子は媄子《びし》内親王を生んで崩御する。享年二五歳であった。

女院詮子は、その後も定子の三人の御子たちを可愛がり、脩子内親王と一条天皇の内裏におけるはじめての対面には、道長も前駈の人々の世話などをおこなっている。その際、詮子は早速、若宮(脩子)を抱き、可愛らしく肥えている若宮に微笑をなげかけるさまが、『栄花物語』にえがかれている。同じく、敦康親王の対面の際も、詮子は親王が一条天皇の幼い頃の様子に似ているといわれ、しみじみと可愛らしいといってみつめる光景などがみられる(『栄花物語』)。

詮子は、定子の第二女、媄子内親王誕生の折は、「この度生まれる御子は、男女を問わず自分の手許に引きとってお育て申そう」といわれ、十二月（長保二年）に母の定子が亡くなってまもなく新年早々、この赤子の御子を引きとっている。

こうして詮子は一条天皇の御子の誕生を、ともかく願っていたが、定子の三人の御子を、それぞれ可愛がり、とくに二女媄子は今いったように、生まれてまもなく自分が引きとり育てるということまでしていた。また、道長も、同じく敦康親王を引きとり、娘彰子（一条天皇の中宮）とともに養育していたのである。

詮子・彰子とともに道長も没落して行く中関白家《なかのかんぱくけ》の御子たちを育てる。これは一条天皇に対しての当然の行為ともいえるが、『栄花物語』によって、道長の格別の暖かい心がうかがえるといえよう。その点、『小右記』の実資などとは立場も異なる。例えば、まだ、定子存命中のことだが、さきの脩子内親王の一条天皇との対面の際にも、実資は、

今夜中宮参二給職曹司一、天下不二甘心一、彼宮人々称レ不二出家給一云々、（『小右記』長徳三年六月二十二日）

と書く。これは、定子に対して中関白家の人々が、出家していない、などと言い出したことについての実資の辛辣な批判である。そこにはまた、このたびの対面を冷ややかにみている実資の態度が浮かび上がってくる。このような態度は道長には全然みられず、没落する中関白家に対して詮子、彰子とともに暖かいまなざしを見せているのである。

だが、この女院詮子も先述のごとく長保三年（一〇〇一）閏十二月に病没し、道長の幼い頃から今日にいたるまで、多くの援助を与えてくれた姉であったが、いよいよ崩御となると、道長は、娘の彰子を盛り立てて、今後の生き方を築いていかねばならぬのであった。

以上、いちおう、道長にいたる時代の人間関係の概略をたどってきたが、次の章からは、本論に入り、道長の人物像を中心にみてゆくことにしよう。

3　一条天皇即位と道長の周辺

若き日の道長

さて、若き日の道長については、史料不足であまりよくはわからない。『公卿補任《くぎようぶにん》』により、その官歴をわずかに知ることができる程度である。一五歳で母時姫と死別し（天元三年〔九八〇〕正月十五日）、その年、従五位下《じゆごいのげ》となった。天元六年には侍従。そして花山天皇即位の年（永観二年〔九八四〕）、一九歳で右兵衛権佐《うひようえごんのすけ》となった。

では、ここからは道長を中心に周辺との関係をみて行こう。道長が二一歳のとき、花山天皇の譲位がある。花山帝は女御忯子《し》（大納言為光娘）の病死を悲観し、出家の気持ちがつよくなっていたところに、兼家一族がつけこんだのである。兼家としては、わが娘詮子

（円融天皇の女御）の生むところの懐仁《かねひと》親王を一日も早く即位させたい気持ちがあった。そこで、花山天皇に出家の志がみえると、息子たちと挙げてこのことにかかって行くのである。道隆は、さすがに次期、関白をひかえていたためか、父親兼家の行動と政策に加わったけはいはみえぬが、次男道兼、腹ちがいの道綱は、大きくこの行動に加わっている。すなわち道兼は、花山帝が出家をこころざし、こっそりと夜中に宮中を出て山科の元慶寺《がんぎょうじ》に向かうという言葉を、花山帝から直接聞き、自分もお供をして出家をすると申し出る。寛和二年（九八六）六月二十二日の夜中、花山帝とともに宮中を出て、天皇が途中で月があまり明るすぎることを気にすると、大丈夫といって慰め、山科の元慶寺に到着して、帝がいよいよ出家をする段階にいたると、「変わらぬ姿をもう一度、父に見せて、すぐ寺へもどって参ります」といい、帰って行ってしまう。天皇もついに「われをだましすかした」といって泣かれたと『大鏡』にあるが、一方、神璽宝剣《しんじほうけん》は道綱の手によって東宮（懐仁親王）に渡され、翌日、東宮懐仁親王は一条天皇となって即位する。また、道長は、花山帝の出家が成就したことを関白太政大臣頼忠に伝える（『愚管抄』）。

こうしてみると、花山帝の出家は、兼家一族によってすべてが仕組まれていたことが明らかであり、一条天皇は七歳で即位する。つまり兼家が、我が若き外孫の即位を企図しておこなったことであるのは明瞭だが、七歳の幼帝に対して摂政は不可欠であるところから、兼家は、前々から待ち望んでいた摂政になることができたのである。

この事件の際、道長は、どのような気持ちでそれに立ち会っていたであろうか。これ以上、道長の行動については、ここの場面ではわからない。

このように道長は、若い頃より、父親兼家の生き方を眼前に見ており、今後、自分が生きて行くうえに何かと考えさせられるものがあったろう。これが、かえってよき反省となって道長は、その生涯において兼家とまたちがった進み方をしたのではなかろうか。兼家の生涯においては、昇進と地位を固めることが、何よりの目標であったといえよう。しかし、道長は、もちろん兼家と同様に昇進に大きな期待はあったろうが、ただ、それだけでなく、道長には文化面に貢献するところ大なるものがあった。これが『御堂関白記』を書かせるもとになったのであると同時に、また、女流作家たちが道長の周辺に多く集まるという結果にもなったのであろう。『源氏物語』の完成も、背後に道長がいたことによるところが大きかったことはいうまでもない。

花山天皇が出家、譲位し、一条天皇が践祚《せんそ》すると、道長はその日、昇殿。七月二十三日には蔵人《くろうど》となり、従五位上となった。そして、その年のうちに少納言（八月十五日）、左少将（十月十五日）と進み、十一月十八日には従四位下となっている。道長は、ここにいたってすでに二一歳。翌永延元年（九八七）には結婚している。結婚については、史料が少

なく、『栄花物語』が唯一のものである。『栄花物語』（巻三、さまぐ〱のよろこび）によれば、道長は、

たゞ今御とし廿ばかりにおはするに、たはぶれにあだぐ〱しき御心なし、

とあって、女性との噂などの立たない、きわめて真面目な性格であったという。だから、娘をもつ親で道長を婿にと話をもちかけてくる人が多かったが、

「今しばし、思ふ心あり」とて、さらにきゝ入れ給はねば、大殿も「あやしう、いかに思ふにか」とぞおぼしの給ける、

という状態であった。ところが、永延元年十二月十六日、ときの左大臣源雅信《まさのぶ》（宇多源氏、敦実親王の男）の娘倫子《りんし》と突如、結婚した。道長二二歳、倫子は二つ上の二四歳であった。さて、倫子の父雅信は、この結婚に賛成でなかった。雅信としては宇多天皇の孫、賜姓源氏としての誇もあり、まだ将来もそれほど安定しているとはいいかねる藤原氏の青二才と、娘を結婚させることには反対であった。『栄花物語』に雅信は、

あな物ぐるほし、ことのほかや、誰か只今さやうにくちわき黄ばみたるぬしたち出し入れては見んとする、

といい、とり合わなかった。しかし倫子の母親穆子《ぼくし》は、藤原冬嗣の子孫、定方の孫であり、この穆子は、道長を、

この君たゞならず見ゆる君なり。我に任せ給へれかし。この事悪しうやありける、といって、道長の人柄をみとめており、この母親の力によって二人の結婚はまとまったという。父雅信としては、倫子を皇族か、あるいは賜姓源氏の誰かかの妻にしたかったのであろう。また、道長としては、源氏の家柄を重くみ、この結婚によって自家の勢力を築こうとする心がまえがあったのであろう。道長の祖父師輔も村上天皇の娘の雅子および康子内親王を妻にしているという風に、道長にとってもまた、内親王でこそないが、源氏の娘との結婚は重要である。藤原良房の源潔姫《きよひめ》（嵯峨天皇の娘）との結婚もまた、同じく自家の発展のためのものであったことはいうまでもない。藤原氏代々の結婚に対しての一つの政策のようなものがあったといえよう。が、道長と倫子とのこの結婚は、やはり道長の倫子への愛に発するものであったことはたしかであろう。そして二人の間には翌（永延二）年、彰子が生まれたが、その年、道長は、さらに高松殿源明子《めいし》と結婚した。明子は安和の変で大宰権帥となった源高明の娘である。高明亡き後は、明子の叔父にあたる盛明《もりあき》親王が養育していたが、その盛明親王も亡くなってからは、東三条院詮子、すなわち、道長の姉がひきとって世話をしていたのである。この詮子は明子を大そう可愛がり育てていたが、やがて明子が年頃となると求婚する男性が少なくなかった。道長の兄、道隆もその一人であった。だが姉詮子は、これをゆるさなかった。しかし道長が明子と親しくなり始めると、

詮子は、

この君はたはやすく人に物など言はぬ人なればあえなん、とゆるしきこえ給て、（『栄花物語』）

とあって二人の愛は成就した。こうして道長の妻が二人とも源氏の娘であるということは、やはり道長に、藤原氏代々の人々と同じように、皇族系の源氏と結婚して、我が家を発展せしめるという意図もあったとみてよかろう。

この年（永延二年〔九八八〕）、非参議、従三位であった道長は、一一人を越えて権中納言となっている。この異常なまでの昇進の陰で道長は、観修阿闍梨《あじゃり》に頼んで祈を行わしめたとある。観修が法験を施し、我が願が成就したならば、御恩に報い、子々孫々禅下之門徒に帰すといっている（『寺門高僧記』十、功臣）。

一条天皇と後宮

さて、道長は兼家、詮子が背後にあって、ここまで順調に生きてきたのだが、長徳四年（九九八）三月には病により官職をいちおう辞そうとした。道長三三歳の時のことである。しかし、天皇はそれを許されなかった。道長はこの年、腰の病を重く煩う、と『小記目録』にあり、道長はその上表文を大江匡衡《まさひら》に書いてもらっている。また、この年、疾病が流行し、行成も病み、先述の高階成忠、倫子の叔父・東寺長者寛朝《かんちょう》、同じく倫子の兄・源扶義《すけよし》らも薨じ、七月には東三条院詮子の気分のすぐれぬことも重なり、大赦が行われるという状態であった。同じく、疫癘《えきれい》のために大祓《おおはらえ》を行い、相撲節会《すまいのせちえ》も停止になるという状態で、仁王経《にんのうきょう》を転読し、諸国に疫神を祭り、大般若経を転読するなど、道長を中心にそれについてのいろいろの対策が行われた。

次に『御堂関白記』の記述と関連づけながら、この当時の道長の行動をみてゆこう。長徳四年の『御堂関白記』は、記述は本当に少なく、疫病について、

七月五日、相撲止事、仰ニ有諸寺仁王経転読事一、即頭弁、三所大祓事、

と、わずか一行書いているのみだが、『権記』によれば、この祓は大がかりなもので、世間でも、この疫癘はかなり難儀なことであった様子がわかる。道長も健康がすぐれず、悲観的になるのも当然であろう。長徳四年の『御堂関白記』には、このほか、七月七日・九日・十日の記述があるのみで、この年の具注暦は全部あとは白いままである。記述が、かように簡単なのは病により気分がすぐれぬためであったのかもしれないが、日記の書きはじめのためであったからである。現存の『御堂関白記』の記述は、ここからはじまっている。

同年十月二十九日、東三条院詮子は、この頃のすまいである一条第から道長の一条院へ移った（『権記』）。この日、道長の妻倫子は一条第の家主であることから、その賞により加階し、従三位となっている。一条第は源雅信より娘倫子へ伝領。いまは道長の家である。

兼家の生活の本拠であった東三条第では、兼家の最愛の妻（現代風にいえば正妻）の時姫から生まれた道隆・道長も幼い頃は、ここで過ごしたこともあろうと思われる。女子の超子、詮子は、ここで成人し、冷泉、円融の女御になり、宮廷に入ったのちも、里として常にここに退出し、懐妊の場合も同じく里に下り、居貞（三条天皇）、懐仁（一条天皇）の両親王も、この東三条第で生まれ、兼家の手厚い保護のもとに養育された。こうして兼家の外戚の権力は完成して行ったのである。詮子はこの東三条第を本拠にしながらも、道長の土御門第、または一条第にいることが多かった。先述のように詮子がその一条第から一条院に遷御したため一条第のもとの家主倫子は従三位に叙せられ、また一条院では道長が饗饌《きようせん》を設けるなど、新宅作法《しんたくのさほう》が行われた。この、一条院は、藤原伊尹からその弟の為光へ伝領。その為光の娘から佐伯公行《きみゆき》が買った。これを彼が詮子に献上したものとされており、いまはやはり道長のものになっている。

長徳四年の冬は、やっと道長が病気から解放された頃であろう。『権記』によれば、十一月の三日には結政《かたなし》（政務書類の整理）があり、この前後に行成が道長に相談に行っていることがしばしばみえる。

十一月十六日には後院預《ごいんのあずかり》、および脩子《しゅうし》内親王（定子の長女）の別当らが、天皇からの勅によって定められた。道長は左大臣として、脩子内親王の別当に藤原陳政《のぶまさ》を補すことなども、静かに見守って事を運んだのであろう。『権記』に、

此間左府（道長）参二中宮一給云々、仍亦参二職御曹司一中宮御在所、次参内、次左府出給、

とあるように、定子のもとに参り、勅命により定子の皇女脩子内親王のことについて気をくばっていたことがわかる。すなわち、同日の『権記』には、一条天皇が脩子内親王の着袴《ちゃくこ》を来月十七日に行うため準備をするように命ぜられたとある。道長が定子のもとへ参ったのは、このためであろう。道長もこの頃には病気も全快し、十二月十三日には陣《じんの》定《さだめ》に出席、また、十六日には官奏、直物《なおしもの》の儀式に出席し、陣において申文《もうしぶみ》の定めがあり、道長は儀式の責任者の上卿《しょうけい》となっていることが明らかである。

さて、十七日には脩子内親王の袴着《はかまぎ》（三歳）が行われた。道長が自ら内親王の袴の腰を結んでいる。こうして中宮定子は、一度、出家したものの、長女の脩子は、すくすくと成長してゆく。

道長は長徳四年は、病に悩まされたが、疾病流行の去ったのを機に、翌年天皇は長保と改元。道長もすっかり健康となり、一二歳になった長女彰子の一条天皇への入内を急いだ。

二月九日に彰子の裳着《もぎ》が行われたのもその準備であった。この辺より『御堂関白記』の記述が前より、少しずつ詳しくなってくる。この日、夜中には降っていた雨も夜明けとともにあがり、

而即晴了、従二東三条院《（詮子）》一給二装束二具一、従二太皇太后宮《（昌子内親王）》一給二末額一、従二中宮《（定子）》一給二香壺筥一双一、従二東宮一御馬一疋、

と東三条院詮子、昌子内親王、中宮定子等々より美しい贈物、すなわち末額《すえびたい》（ひたいに挿すくしのような飾り）などをもらい、道長はよほど嬉しかったのであろう。しかし、そのあとは、「申時許諸卿来問、右府《（顕光）》、内府《（公季）》着給、」とあるだけで、『御堂関白記』はまだ、儀式そのものなどについては何も書いていない（一三年後、長和元年の三女威子の『御堂関白記』の裳着の場面と大へんな相違である。この年の記述は全体に詳しい）。それでも、道長も日記の筆にだいぶ慣れてきたのか、同五年、すなわち、長保元年は、ほとんど何も記していなかった長徳年間に比して、かなり詳しくなってくる。彰子の裳着の翌々十一日には、行成が勅使として道長のもとに来ており、その内容は彰子を従三位に叙せとのことであった。同じく『御堂関白記』に、

右大弁為二勅使一来仰云、叙二従三位一者、賜二女装束一、

と道長も堂々と書いている。

だが、一方、定子も出家したとはいえ、脩子の成長とともに一条天皇への愛がよみがえり、また、天皇の定子に対する愛も深かった。長徳三年六月二十二日の脩子と天皇の対面の際（前章末尾参照）には、定子も参内している。その後も、定子は職曹司《しきのそうし》へ来ることが多かったが、天皇は遠慮がちの定子に、もっと自分に近づくようにともいわれ、職曹司は遠いのが不便であるから近くの殿舎に入るように仕度させ、天皇のほうから通うという熱心さであった（『栄花物語』巻五、拙著『平安時代の女流作家』第三章参照）。

また、この頃、先にも述べたごとく顕光《あきみつ》の娘元子、公季の娘義子も女御となっており、元子は承香殿《じょうきょうでん》の西対《にしのたい》を宿所としていた。内裏に入る女御たちは、それぞれ里の家で世話をするしきたりになっており、彰子の入内、すなわち、藤壺へ入るときは道長のほうで、いろいろと準備をするのだった。

さて、まず彰子の入内をみて行こう。長保元年（九九九）九月二十五日、『御堂関白記』にみえるように、

入内事定初、

とあって、道長一家では入内の儀式の次第などについて決定を始める。道長はその用意万端を周到に行い、十月二十一日の条には、「四尺屛風和歌令二人々読一」とある。これはお祝いのための美しい調度品であり、道長は、我が娘のはじめての入内の儀式であるから、

一人でも多くの有名人に屏風の和歌を書いてもらいたかった。藤原公任《きんとう》を始め、斉信《ただのぶ》、高遠《たかとお》、源俊賢らの歌人が、道長のもとに和歌を持ってきた（『小右記』二十八日）。右大弁の行成は色紙形にこれを書き、絵は故飛鳥部常則《あすかべのつねのり》の大和絵という豪華なものであった（『権記』三十日）。さらに花山法皇までが和歌を詠まれ、実資はあまりにも大げさなこの屏風和歌に憤慨し、『小右記』に、法皇まで御製を出すことは、よろしくないと述べている。また実資は、道長から頼まれたにもかかわらず、ついに和歌を提供しなかったと書いている。同じく『小右記』（十月二十八日）に、

近来気色猶似二追従一、一家之風、豈如レ此乎、嗟乎痛哉、
（近来の気色《けしき》、なお追従《ついしょう》に似たり、一家の風、豈《あに》かくのごときあらんや、ああ痛きかな）

と述べ、憤慨をあらわにする。実資は先に、伊周内覧のときにも、中関白家の人々の行動を強く批判していたが、今回はまた道長にその矛先を向けるのである。実資の性格の一面がわかるようで興味深い。

一方、定子は、どのように過ごしていたか。長徳三年六月二十二日、定子が職曹司に入ったことは前に述べたが、人々もあまり参らず淋しい日々がつづいた。そして、皇子（敦康親王）を懐妊した定子は、長保元年八月九日には前但馬守平生昌《なりまさ》の邸に移っている。この日も実資は『小右記』に、上卿たちが故障を申して参入しなかったとか、左府「似レ妨二

行啓事二」とか書いている。この日、道長は宇治の別業《べつぎょう》（荘）に遊んだ。『小右記』には「左府払暁引二率人々一、向二宇治一」とあり、実質のいうように、道長が、定子の生昌邸《なりまさてい》への移御《いぎょ》を、結果において妨げたことになろう。

さて、彰子は長保元年十一月一日、内裏へ入内ということになる。この頃の風習として、入内の前に、一度、方違《かたたがえ》することがある。今回も彰子は道長につれられて西京大蔵録《にしのきょうおおくらのさかん》、大秦《おおはたの》連雅《れんが》の宅へ移っている。

道長はかような多忙な時にも、宇治をはじめ嵯峨にも行き、九月十三日には行成、公任らと大覚寺滝殿《たきどの》から大堰《おおい》の河畔を散策し、大江匡衡が道長にいわれるままに和歌の題、「紅葉」を出し、公任は大覚寺で「ふるき滝をよみ侍ける」との詞書のもとに、

たきのいと（『公任卿集』おと）はたえて久しく成ぬれど名こそながれてなほきこえけれ
（『公任卿集』、『拾遺和歌集』）

と詠んでいる。

十一月一日、彰子は、いよいよ入内。道長は『御堂関白記』に、

以二酉時一入内、上達部殿上人等多来、

と書き、心に最大の喜びをもっているのだが、それをあらわす表現は、ごく簡単である。同じ『御堂関白記』の中でも、ここではまだ、のちの次女妍子《けんし》、三女威子《いし》の入内のときの

ような、感激にあふれた書き方はしていない。やはりまだ、日記の筆がそれほど熟していないためであろう。

『小右記』（十一月二日）では、大納言時中《ときなか》、道綱、その他、一〇人の公卿たちが入内の行列に参加するということに、実資は「末代公卿不レ異二凡人一」と憤慨している。そして公任の行動については、検非違使の別当という重職にありながら、西京へ行き、また内裏の直廬《じきろ》へ向かい、すっかり彰子の入内につき切りになっている状態に対して、

延尉職太厳重、不レ可レ然之事也、

と書き、検非違使の本職を放っておいて、道長のために働き廻っていることを、批判しているのである。しかし、そこには、公任が小野宮系の人物であるにもかかわらず、九条家の道長の娘、彰子入内のために、こんなに献身的にやっていることに対しての不満も含まれていたであろう。

さて、彰子にこの日、輦車《てぐるま》の宣旨が下ったことは『御堂関白記』のみに書かれている。まだ、記述がそれほど豊富でない『御堂関白記』に、輦車宣旨とはっきり書いているのは、道長もよほど嬉しかったのだろう。彰子につきそう女房は四〇人、童《わらわ》が六人、下仕《しもづかえ》六人と整えられ、その童は内人《うちびと》、院人《いんじん》、宮人《みやびと》、殿人《とのびと》とよばれたように、内裏、東三条院、道長らが、それぞれ選んで集めたものであった。女院詮子も、女房の選択に気をくばっていた。

そのときの彰子の容姿は、御髪が五、六寸ばかりでいいようもなく美しく、まだ幼いにもかかわらず、少しも幼稚なところがなく、一条天皇の寵愛も、さぞかしというところであった。こうして酉時《とりのとき》に入内とあり、彰子が落着いたのは夜遅くであったろう。

さて、彰子の入内したのは、内裏といっても、このときは一条院、すなわち、里内裏《さとだいり》であることはいうまでもない。こうして入内した彰子には、十一月七日、女御の宣旨が下った。彰子は里内裏一条院の曹司《そうし》、東北対《とうほくのたい》（『権記』）、すなわち、藤壺とよばれる部屋（『栄花物語』）に入った。多くの公卿たちの慶賀の中で、ひとしお彰子は美しく、早速その日、天皇は彰子の直廬《じきろ》に渡御。道長をはじめ公卿たちも入り、酒宴が行われている。そして夕方、灯ともし頃、天皇は還御された。『御堂関白記』に、

上達部皆候、他生〔姓〕人々参会、巡行数度、

と書いているのは、他の姓の人々が来てくれたことが道長にとっては嬉しかったのだろう。ところが折も折、中関白家では、定子の第一皇子、敦康親王が、この日、平生昌《たいらのなりまさ》邸で誕生した。本来なら里邸《さとやしき》の二条第で誕生を迎えるべきところだが、この時点では焼失しており、仕方なく生昌邸へ移ったようなしだいであった。『小右記』八月十日条には、

件宅板門屋、人々云、未ㇾ聞㆔御輿出㆓入板門屋㆒云々、

とある。

清少納言は『枕草子』に、この場面をこめてくわしく書き、御輿は四足門より入ったものの、清少納言ら、女房たちの車は、北の門より入り、「いとにくく腹立たし」といっているのも、中宮定子のあわれな状態を察し、生昌に憤懣をぶっつけているのである。

道長にとっては、同日、彰子女御の儀式があり、敦康誕生に対して、道長はどのような態度をとっただろうか。『御堂関白記』には何も書いてない。『小右記』には、「中宮産㆓男子㆒、前但馬守三条宅」とあるのみだが、『権記』には、七夜の調度などを準備することが詳しく書かれている。産養《うぶやしない》の読書博士、弦打人《つるうちびと》などのことも翌八日にあるが、道長の行動は出てこない。『栄花物語』（巻五、浦〳〵の別）では、道長が七夜の奉仕をしており、読書、鳴弦のことなど道長が準備している。同じく、『栄花物語』（同前）に、

大殿（道長）、同じき物を、いときららかにもせさせ給へるかな。筋は絶ゆまじきことにこそ有けれとのみぞ。九条どのゝ御族《ぞう》よりほかの事はありなむやと思物から、其中にも猶此一筋《すじ》は心こと也かしなどぞの給はせける、

とあって、道長はこの皇子の誕生を喜び、「九条殿師輔公の子孫以外には、東宮・天皇になる人はありえない。その中でも兼家の一統は格別である」といったという。道長が敦成《あつひら》親王（後一条天皇）誕生以前に、このようなことをいうのは当然のこととおもう。すなわち、この段階では、まだ、彰子が女御となったばかり、このときの皇子といえば、小一条

家娍子《せいし》と居貞《いやさだ》親王との間に生まれた敦明《あつあきら》親王、および、冷泉天皇と藤原超子の間の皇子（居貞親王の実弟）・敦道親王がいる。しかし道長にとって、今の東宮・居貞親王が、次の天皇（三条天皇）になったあとの東宮には、敦明親王（後の小一条院）・敦道親王よりは九条家すなわち兼家、道隆のいわば直系の子孫の敦康親王がなるほうが望ましいのは当然であろう。

つづいて、『栄花物語』（巻六、かゞやく藤壺）では、敦康親王と一条天皇の対面がえがかれる。その席で、道長が敦康親王を見て「懐《いだ》いて可愛がる」という有様が書かれている。この敦康親王誕生による九条家発展への希望と道長の喜び、および、天皇との対面の席で、道長が皇子を「懐いて可愛がる」という場面は、『栄花物語』以外にはない。これは、『栄花物語』の道長賛美のための創作であるというふうに、とかく解されがちであるが、そうとる必要はなかろう。これこそ『栄花物語』のみにみえる秘められた史実と解してよかろうとおもう。

幸運つづきの道長には、この年の十二月二十三日、三女威子《いし》が生まれている（母は倫子。『小右記』）。

彰子立后

さて、彰子は翌（長保）一年（一〇〇〇）二月二十五日に立后する。『権記』に明らかなように、行成は彰子立后に大いに協力している。というよりも、道長を積極的に応援しているといえよう。

まず、正月二十八日、勅使が道長のもとに来たって、天皇の命が下り、道長に立后の吉日を選ぶようにとのこと、道長は大喜びで、すぐ東三条院詮子に参り、その旨を伝え、早速、雑事定《ぞうじさだめ》に大わらわとなる。陰陽師が二月二十五日を選び（実は東三条院詮子の考え）、その一五日前の二月十日に彰子は内裏を出て方違《かたたがえ》に行き、二十五日当日には土御門《つちみかど》第で宣命《せんみょう》を待つというかたちになる。そして彰子はこの日の早朝、土御門第へ渡った。彰子は糸毛車《いとげのくるま》に乗り、お供の人々の人給車《ひとだまいのくるま》も金作《こがねづくり》のもので、公卿たちも集まったところへ、宣命がとどく。彰子が中宮となったこの日、定子は皇后となったが、皇后宮職の人名は明瞭でない。中宮職のほうは、早速、宮司除目が行われ、大夫は源時中、権大夫《ごんのだいぶ》には斉信《ただのぶ》と、道長と親しい人々がなった（以上、『御堂関白記』）。

こうして一条天皇には二人の后が並び立つこととなる。すなわち、二后並立である。これは、いかにも道長が強引に外戚の地位を早く築きたいためにおこなったようにおもわれるが、かならずしも、そうとは決められない。というのは、前の中宮定子は、一度出家(長徳二年五月一日)した身だからである。『権記』によれば、行成は東三条院の詮子のもとに、道長の女彰子の立后の件に関することで、たびたび足を運び、その結果、いちおう事が決定したとき、道長は行成に大へんな感謝の気持ちを表わしている。『権記』長保元年十二月七日の条には、

丞相命云、此事雖レ不レ承二指期日一、承二一定一之由、汝恩至也、

とあり、つづいて、「雖レ見二芳意之深一、不レ能レ示二其悦一」と、その悦《よろこ》びを示しようがない感謝の気持ちを表明、さらに、汝の子については我が子と兄弟同様にし、我が子にも、この恩に報いるようによくいい含めておこうとまでいっている。その道長の言葉を行成は、そのまま書きしるしている。それにより詮子、行成、道長の間でひそかに彰子立后の相談が行われていたことが明らかであり(『権記』長保元年十二月二十七日、二十九日)、翌二年正月二十八日になって、先述のようにはじめて立后が内定し、道長が陰陽師に命じて、その吉日を選ぶこととなる。行成は「藤原氏の后たちが、すべて出家しており、氏の祀《まつり》に奉仕する皇后がいない。我が国は神国であり、神事を先とすべきである。中宮が出家の身で神事を勤められないということでは困る。重ねて妃を皇后に立て、氏祭を行うべきである。

大原野祭《おおはらののまつり》は、后宮が行うのが当然である」と奏上し、天皇も、行成の意向を受け入れて、彰子の立后を仰せ出されたのである。道長は、自分で主張するわけにはゆかない。行成が自分の気持ちを代弁してくれた形になる。行成の友情と今回の働きに対する道長の感謝も当然であったろう。

長保二年の『御堂関白記』は、長徳年間にくらべるとだいぶ詳しくなってくる。正月一日の東三条院拝礼。七日の白馬節会《あおうまのせちえ》など、年中行事儀式に関する叙述も、少しずつみえてくる。そして彰子立后の記述はかなり詳しい。二月十一日には、道長が春日社に神馬使《しんめのつかい》を立てている。この日、彰子には天皇より御使があり、東三条院詮子は法興院へ遷御。そして中宮定子が「参内給」とあり、「神事日如何、事与毎相違」と書く。自分が神馬使を立てたその日に、出家した定子が参内するとは！　と、今まで『御堂関白記』に中関白家のことはまったく記していなかった道長が、はじめてここに非難がましいことを書いている。

しかし、記述が詳しくなったとはいえ、『御堂関白記』の記事は、この時点ではまだ、東三条院詮子と女御・中宮彰子のことに限られていて、事象全般にわたるものではなかった。中関白家のことまで書く余裕もなく、またその必要もなかったのであろう。記述がないことをもって、中関白家に関すること、とくに敦康誕生のことなどは書きたくなかったのだなどと考えるのは、かえって不自然であろう。

二月二十五日立后の彰子は、四月七日にはじめて内裏（一条院）に入った。『御堂関白記』には、「宮女官絹給」、「内女使賜レ布」などとみえ、宮女官すなわち彰子の女房にも、また内の女使すなわち内裏の天皇付きの女房の使にも、道長がそれぞれ絹や布を禄としてあたえている。この頃の『御堂関白記』に、「上達部相共見レ花」（三月三日）などとあり、ほっと一安堵の道長が、のんびりと桜花を見ている様子が浮かび上がってくる。

長保二年五月より三年半、『御堂関白記』は空白である。もともとあったのが散佚したか、それともはじめから書かなかったのか。おそらく後者だろう。

四月七日、中宮となった彰子がはじめて内裏に入る。このとき、その母である道長の妻倫子と道長の異母兄道綱が従二位となる。『御堂関白記』に、「男女可レ然人々、被レ加二一階一」とあっさりと書いているが、『権記』によると、道綱は道長の切なる願いによって加階したことがわかる。また、猶子《ゆうし》の成信《なりのぶ》も切に道長は願ったが、これは従四位上に叙せられた。

この頃の『御堂関白記』には、道長の病の記述が多い。二月四日、四月二十三日、二十九日など。二十九日には、「日来尚依レ悩」などとあって、かなり長い間患っていたことが明らかである。『権記』四月二十七日、同二十九日には、行成が道長を見舞いに行ったことがしるされている。二十七日には道長が、長子たづ君（田鶴君、頼通の幼名）の行く末を行成に託している。行成はまた『権記』に、

今夜亦参内、左大臣有二上表事一、

と書く。道長は、ここで上表を出し、ついで五月九日には、三度めの上表を提出している。同十一日の『権記』には、「此夕参二左府一宿、依二御病殊重一也」とあり、同十四日、行成に道長は「只、官職を避《しりぞ》き、本意を遂げたいとおもう」などといっており、親友として行成も、気の弱くなった道長の気持ちをひきたてようとしている。十八日には度者《どしゃ》（僧侶）百人を道長は賜っている。二十五日にはもののけが行成にあらわれ、「前帥《ぜんそち》伊周を本官本位に復したほうがよい。すれば道長の病気もよくなるだろう」とひそかに囁いている。先に、裳瘡《もがさ》が流行した長徳四年にも、道長は健康がすぐれず上表を出していたが、当時の上表は、形式的なものであり、少々の病気で本当に左大臣の地位を捨てて出家しようとまでは、その段階では、道長もまだ、思っていなかったことは確実であろう。しかし、今回、長保二年の場合は、かなり深刻なものであったらしい。また行成も、本気になって道長の病気を心配し、心から同情もしている。道長もまた長子頼通の行く末をよろしくたのむなどというほど、行成への信頼が厚かったことは先述の通り。男同士の暖かい友情がみられる場面である。そして行成は、道長が病のため、かくも気が弱くなってしまったことに

「是世無常也、可レ愁々々、可レ悲々々」と『権記』に感懐をもらしている。

このように道長が病に苦しんでいることからみると、五月以後の『御堂関白記』の空白期間のうち、少なくとも五月、六月に関しては、病がその理由であったと思われる。七月以後、『権記』を中心にみていくと、除目、官奏をはじめ、いろいろの儀式にも、道長が参加しており、この頃には、治癒していたのかもしれない。とすると、この長保二年後半およびそれ以後の『御堂関白記』の空白の理由については、なお検討を必要とする。

さてこの辺で、この時代の東宮家についてみておこう。一条天皇時代の東宮、居貞親王は、藤原氏小一条家の娘娍子《せいし》を東宮妃にしている（『日本紀略』正暦二年十一月、『栄花物語』巻四、みはてぬゆめ）。三年後、その第一皇子、敦明《あつあきら》親王が誕生（『本朝世紀』正暦五年五月九日）。長保二年には、親王は七歳に達し、十二月二日が親王の読書始の日であった。しかもそれは道長の東三条第（父兼家の旧荘）で行われた（『権記』）。親王は孝経を読み、行成が御前に召され、その孝経の外題を書く。道長が題を献ぜしめ、大江匡衡《まさひら》が序を読む。道長は読師となり、和気あいあいの中に過ぎてゆく。

この年の暮。長保二年十二月十六日には皇后定子が崩御。『権記』、『栄花物語』（巻七、とりべ野）にその記述は詳しいが、この時期が空白である『御堂関白記』には、媄子《びし》内親王の誕生から、定子の崩御までの記述は当然ない。また、『権記』には、かなり詳しい記事があるにもかかわらず、定子の崩御、葬送などに道長が参加した様子はみえない。この頃の道長は、やはり健康がすぐれなかったのであろうか。あるいは不参加の理由が他にあったのか明らかではない。媄子を生み故人となった定子は二五歳という若さであった。

長保三年（一〇〇一）の正月には、道長の室倫子の母穆子《ぼくし》の七十賀が行われた。道長は行成に賀のための屛風色紙形を書かしめており、東三条院詮子も何かと協力している。詮子は道長が内覧宣旨をうけた際にも大いに力を注いだことは前述したが、その後も詮子は、たびたび道長の邸に方違《かたたがえ》のために移り、また道長は、例年四月八日の東三条院の御灌仏には行成とともに参るなど、姉弟、大へん親しい状況が知られる（『権記』）。

この年、道長はまた、東三条院四十の賀のために法華八講を修している。『栄花物語』（巻七、とりべ野）に、

殿もそのけしきをみたてまつらせ給て、よろづの山々寺々の御いのりせさせ給、

とある。

道長は、この儀式について天皇と相談。疫癘《えきれい》が流行し、世の中が静かでない時、行うことを一時ためらったが、いちおう、行うことに決定した（『権記』二月九日条）。さて、四十賀の当日は、十月九日。道長は二日前の七日には、御賀のための試楽に参内している。万歳楽《ばんざいらく》、蘇合楽《そごうらく》ののち、龍王《りょうおう》と納蘇利《なそり》が行われる。龍王は倫子腹の長男頼通、納蘇利は

明子腹の同じく長男頼宗《よりむね》が舞った。それぞれ十歳と九歳である。一条天皇も二人の童舞のすばらしさに感激され、二人は天皇から御衣を給わるという光栄に浴している。

すなわち、二人の舞童は、父道長の指示により、まず長橋の方から来たりて廂《ひさし》で舞い、さらに庭に降りて舞う。『小右記』も、

　次納蘇利、同大臣息童九歳　儛曲太妙、見レ之者、無レ不二感歎一、（七日）

としるしている。道長は感激のあまり拝舞し、天長地久と称し、跪いて舞ったという。行成も道長のこの行動を見て「雖レ似二軽忽一、不レ堪二感悦一」と『権記』（七日）にしるしている。

さて、九日は本番、詮子の四十賀のために道長の土御門第に行幸。中宮彰子も行啓、二人の童舞がはじまる。日が西山にせまったころ、龍王と納蘇利の舞がはじまる。その舞はきわめて優妙、天皇も感心され、見物の上下の人々は感嘆し、涙を拭ったという。その夜、天皇は還御せられたが、この儀のために弘徽殿東廂《こきでんのひがしびさし》に設けられた御屏風四帖には、和歌一二首が書いてあり、道長の歌が三首のせられていたという。東三条院詮子は、前夜、八日に土御門第に渡御されたとある（『権記』）。そして、翌朝は、天皇の行幸をお待ち申し上げるという状態にあった。なお、この頼通、頼宗の二人の舞について、故島津久基氏が、『源氏物語』の紅葉賀の巻の光源氏と頭中将のモデルとなっているといわれている（『対訳

源氏物語講話』紅葉賀)。長保三年といえば、紫式部は、まだ宮仕え以前の頃と考えられ、この場面を眼で見ることができたか、あるいは、文献によったかはさだかではないが、この場面を採り入れていることはたしかであろう。

道長にとってかけがえのない姉であった詮子は、四十賀のあといくばくも経ぬ、同年閏十二月二十二日には不帰の客《ひと》となってしまった。内覧宣旨の際には、一条天皇の寝所にまで入って、何とか道長に内覧をと頼んだ詮子。女院として道長一家はもちろんのこと、また中関白家のことも、後見になっていろいろと面倒をみてきた詮子であったが、ここに病を得て四〇年の生涯を閉じた。

太上天皇に準ずるという女院制度は、この詮子に始まり、ついで上東門院《じょうとうもんいん》、すなわち道長の娘にして一条天皇の中宮、後一条天皇の母后たる彰子がこれを継ぐことによって、摂関政治の上できわめて重要な地位ともなったのである。

この詮子の崩御は、道長にとっても大へんにつらいものであったろう。しかし、この時期は、『御堂関白記』の三年半つづく空白期間にあたっており、道長自身の感懐を直接知ることはできない。

詮子の病悩のため、大赦が行われたが、閏十二月十六日には伊周が本位に復している。詮子崩御の前後、長保年間(九九九~一〇〇四年)の頃より道長の宗教心は深まったと思われるが、『権記』（長保四年正月四日）によれば、道長は法橋上人覚運から摩訶止観《まかしかん》を受けている。また同年九月十四日には、永（長）谷の解脱寺《げだつじ》に参詣する。

4　道長と敦康親王

定子の遺児と道長家

先に敦康親王誕生のとき、道長は大へん喜んだことが『栄花物語』（巻五、浦〳〵の別）に書かれており、九条家のあとつぎ、すなわち、師輔・兼家の一統の皇子が生まれたことに、心から感激している様子がみられることは、前述の通りである。その親王を道長は、どのように遇していたか。

敦康親王は母后の皇后定子が崩御（長保二年〔一〇〇〇〕十二月、親王二歳）すると、道隆の四女、すなわち定子の妹、御匣殿《みくしげどの》が世話をしている。しかし、その御匣殿も長保四年六月三日に亡くなり（『権記』）、親王は四歳であった。その後は、中宮彰子が面倒をみている。これより一年前、長保三年八月十一日、親王の魚味始《まなはじめ》が中宮御所で行われた。このとき彰子は、この儀を自分が行うこととしており、まず八月三日には、親王が中宮の上の御局《みつぼね》に渡御している。この日、中宮彰子より一宮敦康の御乳母《めのと》四人と宣旨（女房）に各絹一〇疋が送られている。そして儀式の当日十一日は、道長も彰子の弘徽殿に参り、親王は上の御局に上り、御膳が供され、儀式が始まる。そして親王の別当、家司も決まり、政所雑事が始められている。

このように御匣殿生前より彰子も親王を世話していたが、大体、定子崩御後は、彰子が敦康親王を世話し、道長も背後で何かと目立たぬ配慮をおこなっていた。

親王著袴の儀は、長保三年十一月十三日、彰子の住む飛香舎《ひぎょうしゃ》で行われた。その儀は、『権記』の記述に、

皇子去秋以後渡㆓給中宮㆒、

とあり、この日、道長と中宮の世話のもとに華々しく行われている。すなわち、昨秋より親王は、彰子のもとにおり、また、同十一月十八日、内裏焼亡ののち、親王は彰子と行動をともにしている。道長がまた、彰子とともに世話をするのも、九条家のあとつぎという点を考慮すれば、当然であったろう。

同じく道長は、親王のための諸国の御封《みぶ》の未進をきつく戒めて、行成に、とどこおりな

く行うように命じている（『権記』同四年五月四日）。長保四年、正月十六日の『権記』には、「参二一宮一」とか、同二月四日には、「候二御前一、奏二雑事一、多是一宮事也」など、別当として諸事をよくおこなっており、行成は何かと親王の面倒を愛情をもってみていたようにおもわれる（なお、ここでの「一宮」は、敦康親王。以下、「一宮」とあるのは、すべて敦康を指す）。

そして行成は、五月四日には、先述のように道長のところに参り、道長の意見もとり入れて諸国御封の未進について相談している。

こうして道長は行成とともに敦康親王を援助していたが、御匣殿が亡くなったのち、同四年六月七日には、

今夕一宮渡二給左大殿一（『権記』）

と親王は道長邸へ参っている。同じく二十日に親王は大蔵卿の正光の邸へ方違《かたたがえ》をした。その際、道長は親王の車尻に候して御供しており、二十三日には親王が参内する。道長は剣を贈り、女房たちには色紙五〇巻、絹三〇疋などを贈っている。

翌長保五年三月三日に、敦康親王は賀茂の河原に出て御燈《ごとう》の由《よし》の祓《はらい》（三月三日、九月三日に北辰をまつる行事）をおこなった。道長は車でお供している。この秋、八月には敦康が御悩（病気）、行成は道長と言談し、御修法《みずほう》を行うことなど天皇の仰《おおせ》をうけている。

天皇は長保五年十月八日、一条院より新造内裏に移られた。「一宮出二行左府一也」（『権記』）とあり、また、同二十六日には「一宮自二左府一、移三給権中納言（隆家）二」（『権記』）とあり、さらに十二月十九日には枇杷第《びわてい》（道長の邸）に一宮は移っている（この間、敦康は内裏住みのこともある）。このように一宮は内裏参内のときのほか、時には、隆家邸などへ出ることもあったが、道長邸にいることが多いようだった。十二月二十三日の御仏名《ごぶつみょう》の日、敦康親王は、枇杷第で御修法《みずほう》をおこなっている。

　長保三、四、五年と日記を書かなかった道長は、長保六年（寛弘元）には、また日記を書きついでいる。そして、前よりも記述がやや詳しくなっている。正月十七日には、

　一宮参内給、藤壺東面御座、御供参入、女方参、

とあって、敦康親王の参内に女方（房）倫子とともにお供している。定子の皇子、皇女についても『御堂関白記』に詳しく書くようになり、正月二十七日には、天皇の脩子内親王との対面のことについて書きしるし、また三月九日には、敦康親王の御祓に車を用意しており、

　以二申時一一宮出二御祓一給、廻二北陣車一御給、奉仕光栄（賀茂）、入レ夜帰参、

と常に親王に、気をくばっている。しばらく内裏にいた敦康親王は、八月には道長の土御門第に移っている。隆家が親王と同車して、行成とともに道長邸まで送り来たり（『権

記』）、前大僧正観修《かんしゅう》に道長は御修法を行わせている。

寛弘二年（一〇〇五）三月二十七日には、敦康親王と天皇の対面、同時に、親王の姉脩子内親王の裳着《もぎ》が行われた。『御堂関白記』には、この儀について道長は別記を書いているとあり、さほど詳しい記述はないが、『小右記』に、

諸卿参㆓男一親王直盧㆒、藤壺、則是中宮御在所、

と人々が親王の直盧《じきろ》に集まる。ここは中宮の御在所でもあった。天皇が殿上に出御。七歳の敦康親王は道長にまもられて静かに入ってくる。この間、親王を人が抱き、道長が親王のそばに進みよって扶持し、親王との対面が終わると、天皇は還御。ついで清涼殿《せいりようでん》において脩子内親王の裳着が行われる。道長が裳の腰を結ぶ。成人の儀式の裳着の腰を結ぶというのは重要な役である。中関白家の皇子たちの成人式、および天皇との対面に、道長は一役買っている。

十月二十五日、敦康親王は石山寺に参詣、親王は道長の室倫子と同車。道長は志賀寺へ参り、諷誦《ふうじゅ》を行い、近江の八島の辺にて親王の祓が行われる（二十七・二十九日）。この石山詣は、天皇がとくに親王の将来のために願事を立てられ、長谷寺において観修に修法を行わせようとしたものであったが、それが石山寺で行われる結果となった。十一月三日、帰京の日には、道長は僧たちに禄を奉仕し、女方倫子は修善《しゅぜん》の阿闍梨別当僧都に宿衣《しゅくい》一具

等々を用意し、多くの人々、寺の僧らに送られて、親王は道長といっしょに土御門第へ帰ってきた。

この年の冬、十一月十三日、親王の読書始。飛香舎、すなわち、彰子の御在所で行われた。これより先、十月八日には道長のところへ行成は日時定めのために参っており、道長、彰子の二人が中心になって、この儀をおこなったのだろう。しかし、この日の儀については、道長は『御堂関白記』に何もしるしていない。

同年十一月二十七日には、十五日の内裏焼失により、天皇は道長の東三条第に遷御。東宮居貞親王の行啓とともに敦康親王も車に乗り東三条第に来られたとある。

また、寛弘三年（一〇〇六）四月十五日の賀茂祭には、親王の見物のために倫子が車を奉っており、『御堂関白記』に、

一宮物見奉㆓女方車㆒、

とある。同八月十七日には、中宮彰子の御所において、敦康親王のための童相撲が行われている。『御堂関白記』にも、かなり詳しく書かれており、敦康とともに、姉妹の脩子・媄子内親王も相撲を御覧になっていることが明らかである。この童相撲を二日後にひかえた十五日の条に、

企㆓作文事㆒、而従㆑内一宮悩給云々、仍停止、

とあり、親王の御悩のため作文もやめるというように、ずいぶんと気を配っている。翌寛弘四年（四月十九日）、および同五年（四月十九日）の賀茂祭には、敦康親王が見物に来られていることを『御堂関白記』に書いており、その行動を明らかにしている。

以上の事実から、寛弘二、三年頃も、親王は内裏以外は土御門第等々、道長の邸におられたらしく、道長夫妻および彰子の行き届いた世話によって親王は成長していったことが知られる。彰子は成長期の親王を育てるにつき、よほど懸命になっていたのだろう。土御門第に彰子が出入りするたびに親王もつれて行っており、『御堂関白記』寛弘三年九月八日条に、

中宮御〓出土御門〓、其儀如〓常、一宮同〓之

と書いており、道長は彰子とともにいる敦康親王の行動をいつも書いている。

だが、寛弘四年（一〇〇七）に入り、道長がやはり立后した彰子に皇子誕生を願ったのは、自然であったろう。立后して八年たっても、彰子には懐妊の様子がみられない。そこで、寛弘四年には金峯山詣（これについては、のちに詳しく述べる）を実施し、子守三所に詣で、彰子に皇子の誕生を真剣に祈っている。その結果、寛弘五年の四月、彰子に懐妊の様子がみえると、目に涙を浮かべて喜んだという（『栄花物語』巻八、はつはな）。もし、彰子に皇子が生まれなかった場合には、やはり、小一条家の皇子の敦明《あつあきら》親王（三条天皇と娍

子の皇子）よりは、九条家の敦康親王を後つぎにすることを望んだであろうが、まず第一に、立后した娘彰子に皇子の誕生するのを願ったのは父親として当然である。

さて、この頃、寛弘四年ごろより、『御堂関白記』には、敦康親王に対する記述が少なくなってくる。これも道長の考え方の無意識のあらわれだろう。

道長の外孫敦成親王誕生

寛弘五年（一〇〇八）六月二日には、敦康親王は脩子内親王とともに、春宮権亮《とうぐうのごんのすけ》の高階業遠《なりとお》の邸に移っている（『権記』）。そしてこの年の九月十一日、彰子の皇子敦成《あつひら》親王が道長の邸、土御門第で誕生している。道長一家にとっては将来の皇太子が誕生し、きわめてめでたい様子が、生きいきとわかるが、一方、中関白家により若宮敦成親王に対しての呪咀が行われたことなどが、『権記』（寛弘六年二月五日）、『日本紀略』（同日条）、『政事要略』（七十、糺弾雑事十）にみられる。とくに『権記』によれば、高階光子《みつこ》（佐伯公行《きみゆき》の室）が、その首謀者であったという。光子は高階成忠《なりただ》の次女である。長徳年間に祈禱までしても政権を伊周に獲得させようと謀ったあの父親の悲願をうけついでいたのか、没落する中関白家の口惜しさとあせりを感じて、発展する道長一家に対してこのような烈しい行動に出ることがあったのだろう。『御堂関白記』には何もしるしていないが、この事件に道長は、どんなおもいで接したことであろうか。

この頃、敦康親王の病悩の記事もみられ（『権記』同六年二月十八・十九・二十・二十五・三月二日）、親王にとっては母后定子の里方、定子の母方の高階家の人々が、このような行動に出たことは、大へんなショックであったろう。高階光子のこの事件により、親王にとっての叔父伊周の朝参が止められ、検非違使らによって高階光子らが捕えられるという結果にいたった。

道長は、この呪咀事件ののち、仁王講をおこなっている。また自ら高階明順を召し、多くの言葉を費やして諭したところ、明順は畏まって一言も口答えせずに退出したという。その五、六日後に、彼は死去した。

この機にあたり、道長は敦康親王に対し、なすべきことは、また、きちんとおこなっている。寛弘六年三月四日に敦康親王の御修法が行われ、道長は行成をして絹四疋を贈らせている。敦康親王が病悩で苦しんでいるとみられるときは、いっそう親切な態度をあらわすのが、道長のやり方であった。これらの行為は、今後の政策のための一種の布石ととれぬこともない。しかしまた、『権記』、『栄花物語』などによれば、その同情は道長の衷心より発するものとみてとれる面も少なくないのである。

それでも、同六年六月には、敦康親王は土御門第を出て内裏のなかの一室へ遷らざるをえなかった。『御堂関白記』(二十八日)には、「一宮渡二西室一給」とあるのみだが、『権記』(二十七日)には、

左府に詣る。御供に候す。参内す(宿衣)。七間の屋(一宮移御すべき)を見る。

と、道長が行成とともに参内し、親王にお供してお送りしていることが書かれている。これは、彰子がふたたび懐妊したためであり、彰子は昨年九月誕生の若宮(敦成親王)とともに、六月十九日、土御門第に渡御(同年十一月二十五日、敦良《あつなが》親王誕生)。これがために敦康は、他所へ移ることをよぎなくされたのだろう。敦康親王にとって悲しいことだったにちがいない。道長としては、彰子とともに大へん大事に養育した敦康親王であったが、やはり我が外孫が誕生したとなると、その処遇も変わってくるのは、いたしかたのないことであったとでもいうべきか。

さて、このような状況にあるとき、近く元服の予定になっていた敦康親王は、その儀式が延期となり、道長は『御堂関白記』に天皇の仰せによって「元服の事延行せん」と書き、その理由は、中宮御産の期と合うと具合が悪いからとしている(九月二十四日)。そして十一月二十五日に彰子の第二皇子敦良親王が誕生した際の儀式の盛大なことは、一年前の彰子の第一皇子敦成親王誕生のときにまさるものであり、『御堂関白記』にその模様が詳し

く書かれている。

この結果、敦康親王の元服は遅れたが、翌七年七月十七日、これもまた、盛大に行われている。それはまた、いかにも道長らしいやりかたであり、外孫が二人となった今でも、敦康親王にもやはり元服の儀は立派に行うべきであると悟るところがあったのだろう。道長は、その儀式全般を詳しく『御堂関白記』にしるし、諸事万端をおこなっている。親王は儀式が終わると、中宮彰子の所に参り、彰子より贈物の野剣と横笛を賜っている。この日の儀式に道長は元服の最も重要な役、加冠をおこなっている。『御堂関白記』に、

余進㆓加冠㆒、自㆓座下㆒復座、

とある。一条天皇は、このとき、敦康親王の成人した姿をみて、「しみじみと気の毒なことだ、こんな風になることを予期したものであったろうか」(『栄花物語』巻八、はつはな)と、じっとみつめておられたという。『栄花物語』はつづけて、「敦康親王は、しっかりした後見もないので、皇太子になることも無理という状態になってしまった、と一条天皇が嘆き、『返〳〵口惜《くちお》しき御宿世《すくせ》にもありけるかな』といわれた」と書く。彰子は、「一条天皇の御在位中は、何とか敦康親王を天皇の心に添って皇太子になられるようにして上げたい」と、敦康親王にはもとより、天皇にも、申し訳ないような気持ちでおられたと、同じく『栄花物語』にある。

この『栄花物語』には、上記のように、すでにこの時期、すなわち彰子の二人の皇子（敦成・敦良）が生まれてまもなく、敦康は皇太子の地位を断念せねばならぬような状態になってしまったことが書かれている。そして、その理由を、敦康親王の後見の弱さに帰している。これは『栄花物語』の考え方、あるいは史観と称してよいかもしれぬが、当時の客観的情勢の然らしめるところでもあっただろう。つまり、摂関政治と外戚の関係が、この当時いかに重かったかが、『栄花物語』によって如実にうかがえるわけである。その意味でも、『栄花物語』は、当時の社会のなりゆきをみる上で、欠くべからざる史料といえよう。

それでは、敦康親王はその後、どのような環境に置かれることになるか。やはり、『栄花物語』のこの段階での予見のように、一条天皇崩御により、三条天皇が即位すると、その東宮には、敦康ではなくて、彰子の皇子、敦成親王（のちの後一条天皇）がなるという不幸な結果が待っている。その敦康親王に対して、道長はその後どのような態度で接していったかを述べたいが、そのためには、ここでしばらく一条天皇と道長の関係をみておく必要がある。

一条天皇と定子・彰子、いわゆる二后並立となって、皇后定子は、中関白家の没落とともに自然にあわれな方向にむかうなかで崩御（長保二年十二月十六日）され、その後、脩子、敦康、媄子の三人は、それぞれ不幸な生涯をたどるが、一方、道長の昇進、権力発展とともに、彰子およびその皇子たち、すなわち敦成、敦良親王は、幸福な一路を歩んだ。そういうなかにあって、一条天皇と道長の間柄は、いかにあったか。そのあたりを中心に、章を改めて、もう少し述べてみよう。

5　中関白家の没落と道長家の隆盛

道長と一条天皇

道長は、一条天皇時代ずっと内覧で過ごした（次の三条天皇時代も内覧である。それは後述）。この内覧についてだが、これは天皇が、摂関を置きたくなかったためにそのようにしたのか、あるいは道長の謙譲の美徳でとくに内覧を望んだのか、もし道長の側からの望みとすれば、さらに、何か理由があったのか等々について考える必要があろう。

先に述べたように、伊周は摂関を何とかして自分のものにしたいと頑張りすぎ、一条天皇をはじめとして実資等々、世間からも非難をうけた。それを充分に承知している道長は、自分がいまここで摂政、または道兼のように関白をうけることは避けたほうがよいだろうと考えたのである。伊周は摂政にはならなかったけれど、内覧の際に、大へん面倒なことをやってしまった。また、道兼は七日関白と縁起がよくない。それやこれやで道長は内覧のままでいるのが、この際、もっとも無難であると考えたのだろう。また、『類聚符宣抄《るいじゆうふせんしよう》』によれば、道長は、上卿《しようけい》として官符作成にかかわっている場合が多い。そのことから考えて森田悌氏は、摂関になると儀式の際、官符作成の上卿になれないため、みずから上卿として政務をとりたいという希望をもち内覧のままでいたという（歴史新書『王朝政治』）。これらは、いずれも道長のほうから希望してそうしたという解釈だが、天皇の側の意志によるという考えもある。

例えば、一条天皇は延喜・天暦の世にならう気持ちがあって、道長を関白としなかったとするという説がある（土田直鎮氏『日本の歴史5』所収「王朝の貴族」）。一条天皇はみやびな性格で、学問にも関心が深い。したがって、この時代の教養である先例尊重の精神にたけていたことはいうまでもない。また、一条天皇は道隆の摂政には好感をもっておらず、また、道隆の摂政としての業績も少ない。さらに伊周の場合にあのような面倒なことがあったのちには、やはりできれば延喜・天暦の天皇親政の世を再現したいと願うこともまた、当然であったろう。

しかし、道長との場合は、天皇も聡明である上、道長もまた、強引なことはやらない。

摂関政治というと摂関が専横をきわめ、天皇は単にロボットに過ぎないようにおもわれている面もなきにしもあらずである。しかし、実際は、かならずしも、そうではない。もちろん、これは摂関の人柄に大きく左右されるのであって、そのようなケースもないとはいえない。兼家などは、そのような一面を少なからず持っていたともいえよう。道長の内覧の場合は、天皇が、もう二〇歳であるから幼帝というわけでもない。それ以前は兼家とむしろ天皇の母后である詮子が天皇を補佐してきたのである。その基礎をうけついで、いわばその路線のもとに道長は天皇とうまくやって行くことができたのである。

道長は、天皇と相談し、天皇の指示をうけ、天皇も自分の意見を明確につたえ、内覧の道長に、いろいろのことがらを解決させて行くのである。だから、彼が自由に好き勝手なことをやって行くなどという考え方はやはりありえない。また、公卿会議というものが行われ、天皇が出御されて、公卿は太政大臣以下参議まで、すべて集合し、議題が出され、充分な討議がなされ、その結果、決定という風になるのであって、この間、公卿のなかに反対者が多ければなかなか決まらないし、また、天皇が最後に裁決を下して決定するのであって、摂関がいくらこのようにしたいと思っても、天皇がそうさせなければ、決して決まらないのである。しかしまた一方、公卿の中に藤原氏の人々が多ければ、藤原氏に都合のよいような政治が行われるのも、これまた当然である。

太政官政治と道長

天皇と摂関（道長の場合は内覧）の間がかなりうまくいったのが、一条天皇と道長のケースである。この道長も、後述するが、三条天皇のときは、一条天皇の場合のようにはゆかない。やはり摂関政治も、天皇と摂関という、人と人との問題になるのである。そして会議の結果は、公卿の意見の決定通りにせよと天皇の決裁が下されるのである。だから、摂関は、それをまとめる役となるのだが、場合によっては、摂関によって公卿の決定がつぶされる場合もありうる。しかし、道長は、これを比較的公平にやっていることが、『御堂関白記』をはじめ、『権記』などによっても知られる。例えば、除目《じもく》のときに、自分の一族だけの昇進などは、それ程おこなっていない。要するに、律令制度以来の太政官政治を道長はできるだけ守って運営しているのである。律令制度では太政官は、すべての行政を司る政治の大もとである。だから、太政大臣は太政官の審議および行政事務を太政官の最高責任者としてまとめてゆかねばならぬのである。道長は、太政大臣の地位に就いたのは、のちに一年（寛仁元～二年）間のみであるが、すでに、内覧のとき、律令制で決められているこの太政官の職掌をよく遵守《じゅんしゅ》して、事を運んでいたのである。

太政大臣は、もとは摂関の一人がそれを兼ねていたのであるが、兼家のとき以来、太政大臣と摂政が別々になったことは、先に述べた。兼家は、頼忠が太政大臣でいるにもかかわらず、自分の力で摂政の権威を独立のものとして築きあげ、また、その独立した摂政をとくに新しい官職として、その本質を見出すべく政治を動かそうとしたが、その結果、はたして成功したであろうか。しかし、道長は、兼家以来、道隆・伊周の行動をよくみていて、その長短をよく心得ていた。彼は、内覧宣旨をうけて、まず、前からの律令制度を重んじて天皇との間を円滑にし、また、公卿会議も運営していったのである。この公卿会議とも称すべきものには、天皇の御前でやる御前定《ごぜんさだめ》と、陣定《じんのさだめ》とがあり、陣定は、公卿が陣の座に集まって会議を開くのである。陣定のほうには、かならずしも太政大臣か摂関が出席しなくとも、大臣が主宰することができる。しかしこの場合も、かならず定文《さだめぶみ》がつくられ、会議の結果が蔵人を経て天皇に奏上される。

こうしてみて行くと、天皇と摂関の間は、もっと親しいものであって、天皇と摂関は外戚であるから、その関係を利用して、摂関が勝手なことをするというのではなく、むしろ逆であって、外戚であればこそ、天皇と摂関の間がスムーズにやっていけるのであると説くほうが妥当であろう。もちろん、外戚をよいことに自分の権威をつけようと一所懸命になる人はいただろう。しかし、一条天皇と道長、その道長の娘彰子の生んだ後一条天皇との関係などは、やはり、親しみのほうがつよい。土田氏が、「摂関政治というものは、天皇と摂関が外戚として一体感を持ち、相互に敬愛して朝廷を運営することを理想とした」というところに、まったく同意したい。

さて、では、次に、道長と深まりゆく外戚との関係をみてゆこう。

6　道長と外戚の拡充

中宮彰子の成熟

一条天皇の後宮は、最初に道隆の娘定子が入内、立后し、のちに道長の娘彰子が立后して二后並立になったことは前述のとおりである。定子はいったん、出家したが、三人の御子が生まれた。長保二年（一〇〇〇）に崩御したことも前述した。また、義子《ぎし》、元子《がんし》と二人の女御が定子の出家後に入内したが、これも皇子の誕生なく、また天皇の寵愛も彰子に比して問題でなく終わった。彰子は、一条天皇の第一皇子、定子の御子の敦康親王を、とくに可愛がり大切にし、中関白家の後見役の人たちがすべて亡くなってしまうと、自分が引き取って道長とともに養育していたことは前述したとおりである。このことからも彰子のやさしい人柄が偲ばれる。『御堂関白記』にも、中宮彰子が敦康親王のために中宮御所の北庭に座を設けて童相撲を見物させていることなども書かれ、同じくこの日、南庭には脩子、媄子の座が設けられている（寛弘三年八月十七日）。

道長は、彰子のことにはとくに関心が深く、『御堂関白記』にも、大へん多くのこれに関する叙述をのこしている。彰子の正月の大饗《だいきょう》（寛弘元・二・三・四・五年、いずれも二日、三年のみ三日）は、毎年しるしており、和歌があり、その日の舞人の様子なども、かなり観察こまやかな記述がある。例えば、寛弘五年（一〇〇八）正月二日の大饗では、多吉茂《おおのよししげ》の舞が七五歳といえども立派であり、人々より感激のあまり衣を賜った、さすがこの人は舞の第一人者であった、と書いている。また、彰子の仏事については、いずれも詳しく、春秋の季御《きのみ》読経《どきょう》、御修善《みずぜん》などについては毎年書き、師走に一年の罪を懺悔する御仏名《ごぶつみょう》（寛弘三・四年）の儀も書いている。このように中宮の仏事供養について詳しく書くのも、やはり道長自身が若い頃から宗教に対する関心が深かったためであろう。その影響で中宮彰子も仏事を多くおこなっている。

道長にとっても、こうして長女彰子が一条天皇の中宮となっていることは大いなる光栄と誇りであった。嬉しくてたまらぬという道長の気持ちが、『御堂関白記』に充ちあふれている。

こうして、道長は心から彰子の成長を喜ぶ一方、中関白家の没落につぐ定子の崩御、また、それにもまして大きい衝撃は詮子の死（長保三年閏十二月）であった。この頃から「法華玄義」「法華文句」「摩訶止観」等々の経典を読んでいることが『御堂関白記』にみえるのも、先の彰子について仏教的な記述の多いことと符合するところであろう。そのあらわれのひとつが浄妙寺《じょうみょうじ》供養である（寛弘二年十月十九日）。

この頃、道長は長男頼通、長女彰子らが、晴れの神事に参加することに喜びをもち、頼通の春日祭の使となっての出立（寛弘元年〔一〇〇四〕二月五日・六日。後述する）をはじめ、中宮の大原野神社への行啓について、生きいきと喜びの模様をしるしている（寛弘二年三月八日）。

その日の寅時（午前四時頃）、女方倫子とともに乗車して出発。昼頃、大原野神社の社頭に着く。道長は、行幸の先例をいろいろ調べ、神殿《しんでん》預《あずかり》らの叙位などもとどこおりなくおこなっている。道長が、この日、実資の参加を喜んだことが、『小右記』に、

今日左府於二車内一数度被レ示二今日供奉之喜由一、

と出てくる。また、『大鏡』に、道長は内大臣藤原公季《きんすえ》が途中から帰ったことを恨んだとある。この日は、道長一家をあげての総動員でこの儀に臨んでいる。頼通が一の舞をつとめ、道長の二女尚侍《ないしのかみ》妍子《けんし》も参っており、公卿たちも皆、参加しているのに、内大臣公季

の途中からの帰京は、道長にとって残念だったのだろう。『御堂関白記』に、

内大臣桂津河辺有二労事一、申レ障還了、

と書いている。

しかし、中宮彰子のはじめての、藤原氏の氏神である大原野神社への行啓は、道長にとっては落着いていられぬほどの喜びであったのだろう。『小右記』翌九日の条では、道長の使が来たりして実資に道長の感謝の言葉を伝えてくる。

左府以二前越後守尚賢朝臣一、被レ示二昨日供奉之悦一、尚賢云、悦気甚深者、

とあり、『御堂関白記』の、八日の条には、

余四人預二栄爵一、（中略）右大将（実資）御前人々賜二禄物一、余人々随身・馬副等賜二疋絹一、

とある。『大鏡』によれば、この日、道長は馬に乗って随身らとともにきたという。『大鏡』は「軽々しかりしわざかな」と道長の行動を批判している。妍子、次の妹の威子《いし》らも黄金造りの車で参ったとある。道長は大喜びで、

此間尚微雨降、御出間不レ降、感悦々々、

と書いている。

しばし幸福な道長。しかし、この年十一月十五日、突如、内裏炎上という思いがけないことがおこった。内裏焼失ということは、この頃、少なからずあった。以前、長保元年

（九九九）六月にも焼けたが、その翌年完成した内裏は、さらに、ふたたび翌長保三年十一月に焼失してしまっている。一条天皇は一条院を里内裏として、そこにずっといたが、新しい内裏に移ったのは二年後の長保五年十月であった。この間のことは『御堂関白記』には、何も書かれていない。いうまでもなく、長保年間の『御堂関白記』の記述が簡単であるから、これらの件が書かれないのも当然であろう。新造内裏が完成して、二年後の寛弘二年（一〇〇五）十一月十五日には、またもや焼失。天皇も、このようななかにありながらも、よく道長と協力して事を運んでいる。さて、このときの内裏炎上については、『御堂関白記』には詳しい。

それによれば道長は、一寝の後、火事だという知らせにとび起きる。内裏とわかり馳せ参る。中宮も天皇とともに内裏におられるのだ。その安否を気づかいかけつけたのだが、さいわいにお二人とも御無事で、飛香舎《ひぎようしや》へ移られたとのこと、この間に、天皇・中宮の周辺には誰もいなかったという状態だったと書いている（源経房・頼親が、自分より前に参っている）。それは火の回りが早かったためで、人々にもそれだけの余裕がなかったのだろう。火がおさまって天皇は職曹司《しきのそうし》へ移られたが、中宮はあとから輦車《てぐるま》に乗って曹司に来られた。だが、曹司は破損がひどかったため、天皇は太政官の朝所《あいたんどころ》へ移御。『御堂関白記』の同日条では、神鏡の焼損の状態について詳しく述べ、翌々日、神鏡改鋳の可否を定め、神鏡を裹《つつ》み、辛櫃《からびつ》に綿や絹を敷いて収め奉っているさまを書いている。

そして、まもなく、十一月二十七日、天皇は道長の東三条第（兼家より詮子に譲られ、この頃は、道長のものになっている）に中宮とともに移った。東宮も同じく東三条第の南院に移り、道長と天皇家の親密さの度合が深まってゆく。そして神鏡も十二月九日に、同じく東三条第に奉遷している。『御堂関白記』に、神鏡を新しい辛櫃に入れ、東三条第の賢《かしこ》所《どころ》に置くと、「明光如レ耀」であり、「鏡日景在二塗籠内一」とある。この奇怪な事実に道長は、

如レ此瑞相未曾有、此度火災御躰不レ全、而有レ此、衆人所レ感只在レ之、（十二月九日条）

と感激している。

翌寛弘三年の三月四日には、天皇は彰子とともに、しばらく滞在した東三条第から、修理の完成した一条院に遷御された。その当日、東三条第にて盛大な花宴の行事が催された。道長邸の全盛期にまさに入らんとするときの花宴。大江匡衡をはじめ、多くの文人たちも集まり、盛大に行われている。『源氏物語』の少女の巻、あるいは紅葉賀、花宴の巻も、この寛弘三年三月四日に準拠しているのではないかという説を以前述べたことがある（拙著『歴史物語成立序説』）。

さて、こうして一条天皇と彰子の間柄は、安泰に過ぎて行くのだが、この間、道長は次

女妍子のこともすでに考えており、妍子は、寛弘元年（一〇〇四）十一月二十七日に尚侍に任ぜられている。

さて、三女威子は、寛弘三年にはまだ八歳ではあったが、彼女についてもそろそろ、その将来の見通しを立てねばならぬとおもっていた矢先、寛弘四年正月五日には、倫子に四女嬉子《きし》が生まれた。道長は、これもまた、大へん嬉しかったのだろう。中宮彰子からは衣筥《ころもばこ》二合が産養《うぶやしない》の祝いの品として贈られた。一合には白の織物の衣と綾襁褓《あやむつき》、一合には綾衣、絹の襁褓が入っており、また別に、絹百疋を納めた赤漆の唐櫃《からびつ》が贈られた。『御堂関白記』では、これらは、いずれも産婦の「前物《ぜんもの》」として書かれている（同年正月十一日）。

今夜事老後無レ便、又従レ宮（彰子）有ニ如レ此事一、希有事也、還又面目、

とあり、まだ、老後にならぬうちに四女の誕生をみたこと、しかも、姉の中宮彰子が、この誕生の産養の儀式などに、多くの世話をしていることに、道長は心から喜びと光栄を感じているのである。また、つづけて彰子が早くに立后したことにふれて、「百年以後所レ不レ聞事也、前々人是老後立后歟」と書き、自分のように長女がこんなに早く立后したものは、今までに例がないと喜ぶ。また、彰子は妹の誕生、および妹の子の誕生の場合も、やさしくよく世話している。これは後のことだが、妍子が三条天皇の中宮となり、禎子《ていし》内親王の誕生（長和二年〔一〇一三〕七月六日）の際も、産養の儀式にいろいろと世話をし、

『大鏡』の道長の和歌に、

おと宮(妍子)のうぶやしなひをあね宮(彰子)のしたまふ見るぞ嬉しかりける

とみえるとおりである。

道長は、こうして中宮彰子を中心に、一条天皇との外戚関係を深めて行く。これは、天皇と彰子の人柄によるところ大なるものであったろうが、道長自身も、つとめて天皇の意思をむかえ、努力しつつ和気あいあいとやっていったのだろう。また、寛弘四年十一月二十二日の賀茂臨時祭では、我が子四人、すなわち頼通、教通(母倫子)、頼宗、顕信(母明子)が舞をやり、「是希有事也」と『御堂関白記』に感激をもらしている。

一世一代の御嶽詣

さて、寛弘四年(一〇〇七)に、道長は御嶽詣《みたけもうで》をおこなっている。これは吉野の金峯山《きんぶせん》に詣でることである。寛弘二年の宇治木幡浄妙寺供養《こわたじょうみょうじ》とともに、同四年の金峯山詣は、道長にとって生涯の大事なことであった。金峯山は蔵王権現の山、金の御嶽ともよばれ、修験の山である。行者がこの山にこもり祈願したときに、権現がその姿をあらわしたという伝説に由来する山岳信仰が、当時貴族の間にまで流行していた。御嶽詣を行うには、まず精進潔斎《しょうじんけっさい》をせねばならない。むしろ精進自体が大へん重要なことになってきている。道長の場合も、同年閏五月から「巳時渡二精進所一室町高雅宅」と『御堂関白記』にあり、長期の精進である。

道長としては、娘彰子が中宮になって八年たつというのに懐妊の様子がないのは、不本意であっただろう。この彰子立后以来、道長は順調に地位を築いてはきたものの、やはり彰子に皇子が生まれねば、外戚ということにはならない。蔵王権現には、子を授かるという効験が信じられており、今回の金峯山詣はその意味が深く、非常に大がかりなものであった。『御堂関白記』にも、八月一日に出発し、十一日に山に到着するまでが詳しく書かれている。とくに山頂に登った十一日の記述は詳細で、当日はまず、金峯山の小守三所《こもりさんしょ》に参っている。これはまさに皇子誕生を祈るためであったろう。『栄花物語』（巻八、はつはな）には、翌年、中宮彰子の懐妊が明らかになると、「道長は目に涙を浮かべて、心のうちにはみたけのしるしと喜んだ」とある。もちろん皇子誕生を祈るということのみが最大の目的というのではない。

さて、今日（八月十一日）で、長精進、すなわち百日の精進も終わる。真剣に頂上をめざして道長は登った。子（小）守三所および三十八所に金銀五色の絹や紙の御幣、米や燈明などを献上した。道長はまた、みずから書写した法華経、弥勒経などを経筒におさめ

（その経筒には願文を刻み、終わりに日付を入れてある。――帝室博物館編『金峯山経筒の研究』）、それを埋め、燈籠をその上におさめている。頼通、倫子もともに経を供養し、道長自身は御燈明百万燈を献上している。おさめた所は大峯山上である。道長自身の安心立命の意味もあったのだろう。

敦成・敦良親王誕生

寛弘五年（一〇〇八）に入ると、まもなく懐妊は確実となり、一条天皇は彰子に向かって、父道長や母倫子に早く知らせるようにといわれた。彰子は恥じらって、まだ、もう少し待ってほしいなどといっているうち、天皇は道長に直接、話をする。道長が天皇の近くに参った折、「あなたは、まだ何も御存じはないのか」と、天皇は道長にいわれる。道長は彰子が少しやつれたように思っていたが、「それでは天皇の仰せのとおり、やはり御懐妊なのでしょう」といって喜ぶ。道長にとっては、こうして一条天皇から、そのことを聞かされたことは大へんに嬉しいことであった。世の人々は、「男であれば、東宮に立つことは疑いない」とか、「皇子、皇女の別はわからないが、道長の幸運から考えると皇女であろう」などと噂していたという（『栄花物語』巻八、はつはな）。道長は喜びのあまり落着かず、改めて金峯山に安産の祈願をたてるのだった。

彰子は同年四月十三日には、一度、懐妊のため上東門第（土御門第）へ内裏より退出する。だが、六月十四日には内裏へ参入。七月十六日には明らかに懐妊が理由で退出する。『御堂関白記』には簡単ではあるが、「中宮従レ内出給」（十六日）とあり、翌日は「有二勅使一賜レ禄、兵部丞惟規」とあるのみだが、二十日は「中宮御修善」とあり、九月十日には中宮彰子の女房が中宮の「御悩」のはげしくなってきたことを報告に来たりして、十一日、皇子誕生となる。その経過が書かれ、三夜の産養《うぶやしない》の記事がそれにつづく。十月十六日、一条天皇の行幸。これは生まれたばかりの皇子との対面のためのものであり、行幸の叙述は、産養とともに大へん詳しくなっている。

この皇子誕生の経過そのものに関しては、『御堂関白記』は、割合に簡単である。寛弘五年秋（この部分の『御堂関白記』は、自筆本が存在する）は、全体の記述が簡単であるが、そのなかでは、やはり皇子誕生前後の記述が多くの部分を占めている。しかし、それに関しても、事実と儀式の進行状態を坦々と述べるだけで、自分の喜びの感情などは、ほとんど書いてない。むしろ、他の記録、『御産部類記（不知記）』などによって、道長の行動や感情の動きなどを知ることができるのである。

十月四日には、ときの文人、大江匡衡《まさひら》によって若宮にその名字の勘申《かんじん》があり、その結果、敦成《あつひら》と名づけられた。この皇子誕生に関して、『御堂関白記』の記述が簡単であるということは、そこにまた、公卿の日記の特徴があるのである（公卿日記の特徴については前述した）。むしろ、この誕生の儀に関する詳しい叙述は、『紫式部日記』にあり、また、それを原史料として書かれた『栄花物語』が詳細をきわめている。

皇子誕生のあった九月十一日の直後の『紫式部日記』には、道長が、ほっと一安心して別の室に渡り、僧たちに布施を、また、薬師《くすし》、陰陽師らに禄などを与えている姿がみられ、また道長が、日ごろ埋もれている遣水《やりみず》を人々に命じてつくろわせたりしているのを見て、式部は、

人々の御けしきども心地よげなり、

などと、道長のふだんのたたずまいを、そのまま書いている。

次に、御湯殿の儀、第一日目の産養《うぶやしない》が始まると、まず、道長が若宮を抱いて儀式にのぞむ。道長の息子たちも散米《さんまい》に参加し、散米の散る音を誰よりも高く立てようと大さわぎしている。そして、九月十五日、五日目の産養は道長が主催で行う。実資は、今日は申日《さるのひ》であることについて、思慮すべきであると中宮大夫斉信《ただのぶ》に話す。しかし、道長は、予定通り行う。それでも道長は実資の忠告を聞いて、管絃の興だけはおこなっていない。御膳《ごぜん》は六脚もうけ、銀の器、棚の厨子《ずし》二脚等々を六位の人々がかついで持ってくる。「廻粥《めぐりがゆ》」の

儀式も行われている。これは生まれた子の夜泣きを止め、邪気を避け、多幸を祈る風習で、問答形式で行う（中村義雄氏『王朝貴族と通過儀礼』）もので、この日の儀式が道長の意図によって、このように盛大に行われているのは、道長がいかにこれを喜んでいるかを示すものだろう。また、藤原氏の私立大学ともいうべき勧学院の学生《がくしょう》たちが、氏長者道長家の外孫の皇子誕生を祝して勧学院歩《かんがくいんのあゆみ》と称する祝儀を催し、土御門第に参列する。土御門第の夜の庭の状況は、『紫式部日記』に、微細にわたって書きとどめられている。十五夜の月に加えて篝火の明るさで昼のごとくであり、上達部《かんだちめ》の随身《ずいじん》たちまでが、「かかる世の中の光」（皇子誕生）に会えることを待ちに待っていたが、それがいま実現したと、ほほえみかわしながら語り合っている。まして、何ほどの数でもない五位たちことごとくが、道長家の人々に腰をかがめ会釈しながら行き来しているのも、土御門第にとってこれほどしあわせなことはなく、よい時勢に遭遇したものと、紫式部自身、そばで見ていても嬉しい、と書いている。

翌十六日の夜も月が大へんに美しいので、若い女房たちが船に乗って土御門第の池で遊んでいる。と、そのうちに内裏の女房たちが参賀に来ているということで、船に乗っていた女房たちも彼女らを迎えるためにあわててみな内に入った。道長がきわめて満足な様子で、それらの女房たちを冗談まじりに歓待している。贈物もいろいろと与えたりしている。

式部は道長の心ゆくばかりの喜びの様子をともに嬉しげに見ている。

こうして十月十余日までは、中宮は御帳台《みちょうだい》からお出ましにならない。道長は夜中にも暁にもしきりに来て、若宮をのぞくというしまつ。乳母が気をゆるして寝ているときなどは、道長の来たことにまるで気づかず、乳母は目覚めておどろくこともあるというほどで、気の毒なぐらいであるが、道長が自分一人満悦で、若宮を高く抱き上げ可愛がるのも、ほほえましくて結構なことであると式部はみている。そして、「若宮の御しと（おしっこ）に濡るるのは嬉しいことだ」と道長がいうとあり（『紫式部日記』）、そこには、外孫の皇子誕生に冷静さを失うばかりに喜んでいる人間道長の姿が、心にくいまであらわれている。

やがて天皇が若宮と対面するための行幸がある。十月十六日、天皇の土御門第への行幸である。この日のために新造した船を、道長は土御門第の庭の池のほとりにさし寄せてじっくりと見ている。それは、龍頭《りょうとう》や鷁首《げきす》の生きた姿とは、こんなものかと思われるほどのものであった。やがて、行幸の時間になると、天皇の鳳輦《ほうれん》をお迎え申し上げる。それを迎える船楽《ふながく》が大へん趣がある。

天皇が落着かれると、道長が若宮を抱いて御前に出てくる。天皇が若宮をお抱きとりになられるとき、ちょっとお泣きになった若宮のお声が大へん美しいと、紫式部ももう感激しきっている。「女院詮子が生前、この土御門第におられるとき、一条天皇の行幸はたびたびあった」と筑前命婦《みょうぶ》が紫式部に話す。万歳、千秋楽などと声をそろえて朗詠がはじまると、道長は、「今日の最高の光栄にくらべると、今までの行幸は何ほどでもない」と、酔い泣きをする。道長はやがて別の室に移り、天皇も奥の御座所に入られて、右大臣がこの日の加階の名簿をつくる。中宮職の役人と道長の家司《けいし》たちが加階される。『紫式部日記』に、

　あたらしき宮の御よろこびに、氏の上達部ひきつれて拝し奉り給ふ。藤原ながら門わかれたるは、列にも立ち給はざりける、

とあり、この日、藤原氏でも門流が別の人々は、加階の拝礼にも立たなかったという。すなわち、北家の人々の中でも、道長の九条家以外の小野宮系などの人々は加階されなかったのである。紫式部は、この儀式に感激して酔いしれているようだが、また一面、このようにするどい描写もしている。

『御堂関白記』も、十月十六日条は大へん詳しく、

　参㆓御前㆒奉㆑見㆓若宮㆒給、余奉㆑抱、上又奉㆑抱給、

というように、『紫式部日記』と同じことが書かれている。加階は、藤原氏では公季《きんすえ》の子実成《さねなり》、為光の子斉信《ただのぶ》ら、いわゆる九条家の人々である。他氏では源俊賢が入っている。道長自身も、『御堂関白記』によれば諸卿の長慶子《ちょうけいし》の舞に加わっており、天皇は、道長に一

階を賜ろうとする。道長は「自分は官位が共に高く公に仕えるに恐縮している。自分はもう充分であるから家司一人に賞を」といい、「其人を奏すべし」と天皇からいわれる。道長は季随を挙げ、結局、正二位藤原斉信、従二位源俊賢、藤原頼通《よりみち》、従四位下教通《のりみち》、藤原季随という結果になり、長男頼通、二男教通もここで加階している。その際、書類に書き落としがあり、道長の指摘によって、従三位実成が書き加えられる。妻、源倫子は、この日、従一位となる。

さらに『栄花物語』は、この敦成親王の祝賀の儀について詳述するなかで、道長が天皇の御前へ若宮を抱いてつれてきた場面のあとに、

これにつけても、「一のみこの生れ給へりし折、とみにも見ず聞かざりしはや、なをずちなし。かゝる筋にはたゞ頼しう思人のあらんこそ、かひぐ〵しうあるべかめれ。いみじき国王の位なりとも、後見もてはやす人なからんは、わりなかるべきわざかな」と、おぼさるゝよりも、行末までの御有様どものおぼし続けられて、まづ人知れずあはれにおぼしめされけり、

と書く。「敦成親王には、立派な道長という後見がいる。それに比べて敦康親王には直ちに天皇との対面もなかった。御子との対面というような筋では、頼みになる外戚のあるのが当然である。国王の位でも後見となって世話をする人がないなら、どうしようもないこ

とだ」と敦康親王の行末のことが気になって、不憫におもわれる天皇の気持ちを表現することによって、『栄花物語』の作者は、後見のない敦康に対して、道長をもつ敦成親王の末頼もしさをはっきりと示しているのだ。敦成親王祝賀の儀の部分では、『栄花物語』はほとんど文章まで同じまま原史料として『紫式部日記』を用いているが、この敦康親王に関することは、まったく『紫式部日記』に存しない部分である。これは明らかに『栄花物語』の作者の書き入れであり、後見のない親王は、どうにもならないという『栄花物語』の史観である。『栄花物語』は、この後、敦康親王が東宮候補に上ったが実現できなかった際（三条天皇即位および後一条天皇即位の際）に、やはりその理由を後見が弱かったからであるとして、この場合と同じ解釈をしている。これは明らかに『栄花物語』の作者自身の史観でもある。

敦康親王が東宮になれなかった事情については、もちろん、道長とのもう少し複雑な関係も存在する。しかし『栄花物語』の、敦康親王は後見が弱かったから東宮に立てなかったという見方は、かなり的を射ているといえよう。『紫式部日記』を原史料として、それを編纂したような形をとっている『栄花物語』が、ここの部分のみ、敦康親王の後見の弱いことを敦成親王（のちの後一条天皇）と比較してわざわざ強調して書いているということは、作者が赤染衛門であるとしても、その当時の風潮の一つをよく物語っているところである。一条天皇が敦康親王を東宮にしたかったのは当然である。しかし、聡明な天皇は後見もない敦康を東宮にしたところで将来性がないことをよく承知しており、敦康をやめて後見の強い敦成とすることに決心したのである。この間、天皇はかなり悩んでいるにちがいない。その天皇の心情の明確な表われとして『栄花物語』のこの叙述は貴重である。それだけ天皇の聡明さがわかる。

さて、十一月一日は五十日《いか》の祝である。この夜の若宮は少輔《しょうふ》の乳母が抱いている。それを御帳台の中で殿の北の方、すなわち倫子が抱きとり、いざって出て来られた。灯影に映ったその様子は、何ともいいえぬほど美しい。道長が若宮に餅を差し上げる。『御堂関白記』に「余供レ餅」とある。上達部は、だいぶ酔がまわってきている。紫式部は宰相《さいしょう》の君（紫式部といっしょに中宮彰子に仕えている女房）と逃げ隠れようとしていると、道長がそばへ来て、お祝いの和歌を詠《よ》めといわれる。紫式部は、即席に次のような和歌を詠む。

いかにいかが数へやるべき八千歳《やちとせ》のあまり久しき君が御代をば

道長は、二度ばかりこれを朗誦し、そのあと直ちに返歌を、

あしたづの齢しあれば君が代の千歳の数もかぞへとりてむ

と詠んだ。その道長を見て、「あれほど酔っても、これだけやはり若宮のことを思って詠まれるとは本当の気持ちがよくわかる」と式部は『日記』に書いている。

さらに道長が、一杯きげんのまま、「中宮よ、お聞きになったか。上手に詠んだよ」といわれ、「宮の父として私（道長）は恥ずかしくない。私の娘として宮（彰子）も恥ずかしくない。母もまた仕合せであると思って、にこにことほほえんでいるようだ。よい夫をもったものだと思っているようだ」とふざけているのも、格別の酔いのまぎれと見受けられる、と式部は道長の自信ぶりをそのまま語っている。

倫子は、どうにも聞きづらいと思われたのか、その場を去ってしまわれた。道長が、「送っていかないと、母（倫子）がお恨みになっては大へん」といって、急いで御帳台の前を通りぬける。道長は「中宮はさぞこんな私を失礼とお思いだろうが、親があるからこそ子も大事にされるのだ」とひとりごとをいわれ、女房たちはそばで笑っている。式部の筆を通して、道長の人間味が生々しく伝わってくるような情景だ。

こうして中宮は、やがて十一月十七日、内裏へ還御される。中宮は道長からの昨夜の贈物を、今朝になってしみじみと御覧になる。手筥に白い色紙と製本した御冊子、すなわち、古今集と後撰集、拾遺集が入っている。

寛弘五年（一〇〇八）という年は、娘彰子に皇子が誕生して、道長としてはきわめて幸福に過ぎた。

さて、翌寛弘六年もまた、道長にとって、さらに幸福の連続だった。若宮はすくすくと成長していき、帝も道長もめでたい正月を迎えた。二月も過ぎ、三月ともなると、中宮彰子には再び懐妊の様子があらわれた。三月末には中宮は里第へ退出しようとしたが、帝は退出をなかなかゆるさず、中宮は退出したい気持ちをそのままに内裏で過ごすのは、苦しい毎日だった。

この頃、道長とその周辺は幸運つづきだった。明子腹の末娘、寛子は三月二十七日裳着《もぎ》。一方、宗教方面の行事は、ますます道長には多くなり、比叡山において舎利会をおこなっている。

六月十九日、中宮は若宮とともに土御門第に移った。天皇は大へん淋しく思われ、若宮への愛着もともなって、気もふさぐ状態の日が数日つづいた。一方、土御門第においては、中宮の妹、妍子（当時一六歳）が若宮をたいそう可愛がり、常に抱きいとしむというような有様であったので、お側つきの乳母たちもほほえましく嬉しくおもったと、『栄花物語』（巻八、はつはな）にある。

十月からは土御門第において、皇子誕生のための御祈りとして、釈迦、文殊、普賢、七仏薬師の仏像および法華経百部の供養が行われたことは、『御堂関白記』に詳しくしるされ、

見聞道俗随喜尤深、

と道長は書いている。

だが、十月五日に里内裏の一条院が焼亡。天皇は織部司《おりべのつかさ》に移られたが、まもなく枇杷《びわ》第に移られた（十月十九日）。急な遷幸《せんこう》で、枇杷第は天皇の里内裏になるため、道長はいろいろと修理して内裏としての体裁を整える。「九重作様、頗写得」と『御堂関白記』に書いている。

十一月二十五日には、土御門第において、一条天皇の第三皇子、道長の娘彰子の第二子敦良《あつなが》親王が生まれた。この日の『御堂関白記』は大へん詳しく、例えば先の敦成の場合は、「大日本古記録本」の『御堂関白記』に二行で書かれているのを、今回の寛弘六年の場合は、全八行にわたっている。すなわち、具注暦《ぐちゅうれき》の自筆原本に、十一月二十五日の部分は、いっぱいに書いたうえ、裏にわたって長々と記述している。さらに今回の場合は、御湯殿の儀式について、女房の名前まで詳しくしるしているのが特徴である。

供二御湯一宰相（豊子）乳母傅女子、向湯宰相三位遠度女子、

と御湯殿の儀式に奉仕する女房の名、二人の宰相の君（豊子、遠度女子）が奉仕したことが書かれている。これは産養の儀式にのぞんで、道長もこれだけの余裕ができてきたのだろう。また同時に、日記『御堂関白記』の記述も、道長はかなり筆がなれてきたことを意味する。同じく三夜、五夜の産養の記事も前の場合より格段に詳しく書かれており、前回

は三夜のみであったのが、今回は五夜、七夜もしるしている。とくに七夜にいたってもますます盛大な産養が行われ、

右大臣(顕光)・内大臣(公季)以下悉参入、事儀如㆓夜々㆒、

と、人々が九夜まですべて参入してくれたことの喜びを示し、人々に与えた禄の状態まで、詳しく記述している。

さて、道長の長男頼通は、このとき一八歳になっていた。婿《むこ》にしようと多くの然るべき人たちから話もあったようだが、村上天皇の七の宮、具平《ともひら》親王の娘隆姫(母は為平親王の娘)と結婚する。具平親王が、頼通を娘の婿にとのぞみ、親王より道長に、その由を申し込む。道長は大へん恐縮し、「いとかたじけなき事なり」(『栄花物語』)と喜びを表明する。そして、道長は頼通に向かって、「男というものは妻次第で価値の定まるものだ。このたび、この宮家に婿どられて行くことは結構なことだ」といい聞かせる。姫宮の御年は一五、六。似合いの夫婦と具平親王も大へんな喜びようであった。露顕《ところあらわし》の儀(結婚披露宴)の諸事万端も道長がととのえ、両家の父親の喜びは格別のものだった。これより先、道長は具平親王とは文人の友として親しくしており、道長は自分の書写した経を親王のもとに贈り、外題《げだい》を書いてもらっている(『御堂関白記』寛弘元年五月十八日)。また、宇治で作文の会の折詠んだ道長の詩に、具平親王が和していることを、

従㆓中務宮㆒、賜㆓右大弁許㆒宇治作文余詩和、

と道長は『御堂関白記』に書き、親王との和気あいあいの間柄が偲ばれる（同年閏九月二十五日条）。

しかし、具平親王の喜びもつづかず、親王は寛弘六年七月二十八日薨じた。

翌七年、正月十五日は、敦良親王の五十日《いか》の行事。この儀もまた、『御堂関白記』に非常に詳しく書いている。道長が餅を調えて献上する。この日の宮の御前の物などは、「家奉仕」として、全部、道長家で奉仕する。いまは道長の枇杷第が皇居である。夜に入り御《ご》遊《ゆう》もさかんとなる頃、主殿寮《とのも》の官人が燭を持参したが、月光を覧《み》るために庭燎《ていりょう》（庭のかがり火）は用いなかったと『御堂関白記』に書かれている。

同じく正月十六日は、皇子に親王宣下《せんげ》の日。道長は、包みきれない喜びを、

待㆑被㆑下㆓宣旨㆒、付㆓御所㆒、奏㆓慶賀由㆒、

と『御堂関白記』に書いている。

妍子東宮入内

寛弘七年（一〇一〇）二月二十日、道長の二女妍子は、これまで尚侍《ないしのかみ》（寛弘元年十一月

二十七日以来）であったが、この日、東宮に入内《じゅだい》する。こうして、彰子を一条天皇に、姸子を居貞親王に入内させ、姸子もまもなく、親王が東宮から天皇になった場合には后になるということが、道長の目標であったであろう。姸子東宮入内に際し、先に東宮妃となっていた大納言藤原済時《なりとき》の娘娍子《せいし》が心穏やかでないことは当然であった。しかし、娍子は宣耀殿《せんようでん》女御とよばれ、東宮より四歳年長（東宮は三五歳）であったので、冷静であったのだろう。入内に関しての東宮の御装束の仕立など、嫉妬がましいことは何もいわず用意をするのだった（『栄花物語』巻八、はつはな）。また、東宮居貞親王も、年上の女御にくらべて格段に若い姸子（当時一七歳）には、愛情を感じたのだろう。姸子の可愛らしい小筥や調度品などを開いてみるなどして、夜毎の「とのゐ」は、姸子がつとめるというような状態がつづいた。『御堂関白記』にも、

東宮渡二尚侍方一給、（二月二十六日）

とあり、女房たちも多くの贈物を賜っている。おそらく道長のほうで用意したのだろう。

さてこれより先、中関白家は、道隆死後、長徳の変を経て、定子も崩御ののち、伊周、隆家は都へ召還されたものの、昔日の面影はなかった。寛弘二年二月に伊周は、座次を大臣の下、大納言の上に定められたが（二月二十五日）、やはり、道長とはあまりうまくはいかず、寛弘七年正月二十九日に病没した。この一年前、六年の二月二十日にも、伊周は叔

父高階明順《あきのぶ》とともに若宮（敦成）を呪咀するという事件をおこした。これにより伊周は朝参を停められ、明順は道長によばれて説教をうけ、その後、五、六日たって病死したことは前述のとおりである。

学問と詩歌への情熱

さて、この頃、道長は書籍を多く蒐集している。寛弘七年（一〇一〇）八月二十九日に「棚厨子二双を作り、傍に立て、文書を置く」と書き、三史・八代史・文選・文集・御覧（修文殿御覧）・日本紀具書（日本書紀をはじめ六国史関係の本）など、その他、令・律・式など幷せて二千余巻、と『御堂関白記』に具体的に書目を並べている。これらの書籍類から彼の学問傾向をさぐることもできよう。道長の書籍蒐集は、人々もよく承知のところだったのだろうか。源国挙《くにたか》（光孝源氏、源信明《のぶあき》の孫）が、兼明《かねあきら》親王の孫、源伊行《これゆき》家の蔵書四百余巻を道長のもとに持参している（十月三日）。また、十月二十七日には、

従二故斉光家一、御筆御日記四巻得レ之、

と『御堂関白記』に書く。宸記を手に入れることができたのが、よほど嬉しかったのだろう。また、一条院里内裏焼失のため、一時、道長の邸、枇杷第にいた一条天皇が中宮とと

もに新造の一条院へ遷幸のときにも、道長は贈物として摺本の注文選・文集を蒔絵筥一双に入れ、袋に包み五葉枝をつけて贈ったとある（『御堂関白記』寛弘七年十一月二十八日）。

こうした道長の書籍蒐集は、このときに突如として始まったものではなく、寛弘の初年のころから多くみられる。

元年（一〇〇四）の八月二十日には、群書治要一〇帖五〇巻を内裏に献上している。このように、すでに道長家には多くの書物が蒐集されていたのだろう。東宮居貞親王の娘、当子《とうし》内親王の着袴《ちゃくこ》には居貞親王から、本筥に小野道風の手跡二巻を入れ、贈られている（同年八月二十三日）。九月八日には覚運僧都が四教義を道長のもとに持って来ている。行成もその前日（七日）、新たに自写した楽府《がふ》をとどけている。十二日には、道長邸で作文《さくもん》が行われ、上達部、殿上人が文章生二十人ばかりとともに集まっている。十五日には行成が楽府の下巻を、また覚運が四教義の遺巻を、道長のところへ持参している。後者は、十九日に天皇が清涼殿で覚運について四教義を読む会があり、道長は前日、天皇の仰せによって文書を具えて天皇の御前に候し、七枚ばかり点を打ったというが、そのためのものであったろう。道長はお礼に装束一具を覚運に贈っている。二十日には、

早朝参内、候二御文読給一（『御堂関白記』）

とあり、また二十四日には、

所㆓令㆑読給㆒御書、今日四巻了、被㆑初㆓五巻㆒、

とあり、『権記』同二十五日に、道長がこの儀に参加して伝法していたことが明らかである。

この頃も道長邸では、作文がしばしば行われたことが、寛弘元年閏九月三日、十一日の『御堂関白記』からうかがわれ、その折に道長が、花山法皇より御製の和歌を賜ったこと（閏九月四日）、十二日には小野美材の筆蹟を藤原時貞から贈られたことなどが記されている。

この頃の道長は、左大臣として陣定や何かとかなり多忙であったにもかかわらず、作文に明け暮れしている。閏九月二十一日には、道長は宇治の別業に遊び、舟中にて連句の会を斉信《ただのぶ》、有国《ありくに》、行成らとともにおこなっている。舟から上り、別業で題を出し、この日、大江以言が序を作っている。翌二十二日には文を読みながら舟に乗って還る。二十三日には伊周が寂照《じゃくしょう》（大江定基《さだもと》）の家に到って詩会を催しており、伊周の詩に道長が和している。二十五日に、伊周は道長が自分の詩に和してくれたことが嬉しかったのだろう、隆家を介して伊周がまた道長に和詩を贈っている（同二十六日条）。

また、内裏でもしばしば作文が行われ、天皇は道長の詩を御覧になって御製を賜っている。あまりの感激に、恩返しとして天皇に和することができなかったと書いている（二十

六日、『御堂関白記』）。十月二日には、源乗方《のりかた》が道長に『集注文選』『元白集』などを持ち来たり、道長は「感悦無極」と『御堂関白記』に書く。十月十八日には、行成より仮名本七巻と小野道風の書二巻を借りている。十一月三日には『集注文選』を中宮に奉っている。

こうして寛弘元年は、とくに『御堂関白記』に多くの書籍蒐集がみられるが、同二年は道長四〇歳、この頃、最も学問に対する情熱が深まっていったと思われる。

この頃より伊周とは学友として詩の会をともに行うことなどがしばしばみられるが（この部分は、北山茂夫氏の『藤原道長』に詳しい）、伊周を通じての結果か、高階明順（伊周の叔父）とも親しくなり、明順が、道長から借りた玉篇を道長に返しに持って来ている（寛弘二年二月十四日）。このほか、明順は道長に馬を献上したりしており（寛弘元年十月二十五日）、明順も道長と親密になろうと心がけている。同二年三月二十九日、

巳時許帥来、於二弓場殿一射レ弓、従二未時一作文、題花落春帰路、

と伊周との和気あいあいの面がみられる。九月十七日には、道長は行成に『往生要集』を書写してもらい、行成が道長にとどけている。行成は自筆の新写の『往生要集』を道長の命によって渡し、そのため道長から原本の『往生要集』を自分の手許に賜ったと『権記』に書いている。道長が行成に『往生要集』を書写してもらっているということから、道長が浄土思想にかなり深く専心していることがわかる。この年の終わり、十二月十五日には、道長

寂照上人が書を道長に贈ってきている。『御堂関白記』に、

入唐寂照上人書持来、可レ憐万里往来書、

と感激の筆である。寂照との友情は、その後もつづき、長和四年（一〇一五）の七月には、書状を送っている（後述）。

寛弘三年の四月には、さらに道長は多くの人々から書籍を贈られている。源兼澄《かねずみ》より千余巻（四日）。播磨守藤原陳政《のぶまさ》家に存した大江朝綱文三千五百巻（五日）。また、兼隆から千巻等々、大へんな数の書籍を集めている。

道長も、それらの書籍を蒐集し、多忙のなかにも学問に意をそそぐだけのゆとりが出てきたのだろう。一条天皇に『文集《もんじゆう》抄』『扶桑集』などを手筥に入れて献上している（八月六日）。

現世と後生、浄土信仰への傾斜

学問への関心と同時に仏事方面にも、道長は大へんに関心が深くなっており、法性寺《ほつしようじ》新堂に五大尊を安置している（寛弘三年〔一〇〇六〕八月七日）。法華三十講をさかんにやりはじめたのもこの頃である。十月二十五日には法性寺五大堂の仏像の開眼供養をおこな

っている。

寛弘四年十月、道長は土御門第の堂にも釈迦、薬師、観音、大威徳、毘沙門《びしゃもん》などの像を安置し供養している。これらはいずれも前年よりの願いであり、院源僧都をはじめとして、多くの人々が集まり、入堂の儀をおこなっている。願文は、大江匡衡《まさひら》が作り、行成が書いている。これらの願文は常に大江匡衡がつくり、これより先、寛弘二年の浄妙寺の願文も鐘の銘も匡衡が書いている。大江家は匡衡の祖父、維時《これとき》以来、学問の家として藤原氏の大臣たちとは親しい関係にあって、道長はまた、匡衡の学才をとくに崇拝していたのであろう。彼は道長家の行事には常に参加している。

同四年十二月二日には浄妙寺の多宝塔供養。女方倫子とともに出かけ、寺院には経典、鐘楼、房舎などがあって栄えてはいるが、新たに建立成った多宝塔のために、この日も匡衡が願文をつくり、その願文には、

半是為二菩提一、半是為二現世一（中略）為二自身滅罪生善無上菩提一也、

とあり、つづいて、

現世則天下太平、現世安楽之楽、後世亦地下抜苦、往生極楽之楽、（『本朝文粋』十三願文上 供養塔文）

とある。浄妙寺より察せられる道長の信仰の一面は先祖を尊ぶことから発し、その根底には浄土信仰が深いものの、現世への執着もかなり強いようにおもわれる。

十二月十日、公季《きんすえ》が法性寺三昧堂《さんまいどう》を供養する。この日、道長が額の銘を書いている。道長は『御堂関白記』に、これは藤原氏の功徳のためであるとし、一家の長、すなわち藤原氏の氏長者として、この日の供養を賞賛している。また、以前、次男教通が賀茂祭の使にたったとき、公季が座に参上してくれたことがあり、そのお礼の意味もこめて、悦んで公季の三昧堂供養に参加したのである。

寛弘八年（一〇一一）は、正月から金峯山詣の準備に多忙だった。『御堂関白記』にも、一段と緊張の気分がみられる。「初二南山精進一」（正月八日）をはじめとして、「亥時解除、籠二枇杷殿一」（同日）とあり、二十日より、このための写経も始めている。七瀬の祓《はらい》（『御堂関白記』二月十六日条には、鳴滝《なるたき》、耳敏川《みみとがわ》、松崎、大井川、般若寺滝、川合、石影とある）も、おこなっている。二月二十九日からは金泥の法華経も書きはじめている。三月八日は雲林院慈雲堂に詣で、御燈《みあかし》を奉っている。吉方《きつぼう》（現在の恵方《えほう》）であるからということによる（これは金峯山とは直接関係はない）。また、三月二日より長斎《ちょうさい》（金峯山詣のための精進潔斎）に入っている。しかも、その期間中（三月二日）に犬の産の触穢《しょくえ》があり、「少々の触穢の時、解除《げじょ》は差支えない」という勘解由《かげゆ》長官、藤原有国の言葉に対し、実資はそれに疑問を感じている（『小右記』）。が、結局、道長は解除をおこなっている。三月二十一日、『御堂関白記』に、

以僧五口初懺法、依可今年慎、年内可修也、是為滅罪生善也、

とあり、「滅罪生善」のための金峯山詣の意図がわかる。

また、同二十七日、これは金峯山詣とは直接関係はないが、等身阿弥陀仏および阿弥陀経を供養しており、

供養法〔仏〕経、是只為後生也、

とある。このとき大江匡衡の作った願文が、道長の本意《ほい》とちがっていて、現世のことを多くいっているので「改直せしめ」たとある。つづいて、

今年可重慎、而所修多是為現世也、此度只思生後レ、（「後」の右横の返り点は道長のつけたもの）

とあって、後生に引かれている道長の思想がよくわかる。この頃には道長の心に浄土をあこがれる気持ちが強くなってきており、これが、「後生」ということを書かしめたのであろう。ここは具注暦の裏にまでわたって長く書かれている。この日の講師、院源の演説によほど道長は感ずるところがあったらしく、

講師源院〔院源〕僧都、演説未曾有、如心開本意、衆人所感無比、

と書きしるす。

この日の『小右記』には、

於二土御門堂一供二養等身金色阿弥陀幷百巻阿弥陀経一、偏為二往生極楽一也、

とあり、また、『権記』にも、

是只為二後生一、被レ行之事也、

とある。また、匡衡の書いた願文が道長の意に合わざることを院源僧都はいい、この供養の意義をはっきりと公開した。「主人《（道長）》不レ堪二感歎一、落涙難レ抑」（『権記』）と行成はしみじみと書いている。こうして道長の後生をおもう心は、多くの人々の共感を呼ぶところであったのだろう。

一条天皇崩御

さて、一条天皇は、寛弘八年（一〇一一）五月に、「主上日来不レ御二座尋常一今頗重悩給」（『御堂関白記』二十二日）とあって、六月十三日、病のため突如三二歳で譲位、いままでの東宮居貞親王が三条天皇となり受禅。敦成親王は、わずか四歳で東宮となった。このとき敦康親王はすでに一三歳、事の道理からいえば敦康が東宮となるべきである。しかし、敦成がなった。これにはやはり道長の強い意思がはたらいたことはたしかである。敦康の母后定子崩御後、彰子は敦康を育ててきた。彰子は敦康に愛情をもち、今回はぜひ、敦康を

東宮にと考えていた。しかし、一条天皇と道長のとりはからいによって敦成となった。

一条天皇と居貞親王との対面の場面が『御堂関白記』に、詳しく書かれており、天皇は、

敦康親王尓給二別封幷年官爵等一、若有二申事一、可レ有二御用意一者、

といわれた。東宮は、

有レ仰親王(敦康)事は、無レ仰とも可二奉仕一事、恐申由可レ奏者、

と答える。すなわち、二人の御対面の会話の中で、一条天皇は、敦成を東宮にし、敦康には年官年爵《ねんかんねんじやく》をあたえ、もし、敦康が何か申す（要求する）ことがあったら、それも、用意をしてあげてくれといっているので、ここに至るまでにすべて用意が周到にできていたことがわかる。不遇な我が子に対する一条天皇の心情さえもくみとれるような場面である。居貞親王も、天皇の仰せがなくとも、そのように用意するつもりでいたと答えている。まことにさわやかに、一条天皇は敦康親王を東宮に立てないことに対処している。

『栄花物語』（巻九、いはかげ）には、中宮彰子が敦康を東宮にと思ったのに、天皇は、「道理に従えばそのとおりだが、敦康には、はかばかしき後見もないので敦成を東宮にした」とはっきりいわれた、とある。彰子は道長に、「こんどの東宮はやはり敦康にすべきです。敦康もそのように考えていたのに、違えては気の毒です」といわれた。すると道長は、「有難いことをいわれますね。そのとおりと思いますが、天皇がおいでになって、然

るべきことを、いろいろとおっしゃいましたので……」と答えた、とある。

『権記』にも詳しく、「一の親王敦康は、どうなるのかと、人々の噂に上り、大盤所《だいばんどころ》のあたりで女房らが泣いている。行成が立ち止って女房の一人、兵衛典侍に問うと、『天皇の御悩はそれほど重くはありませんが、たちまちに時代は変ったので私たちは欺いているのです』という」とある。そして、

后宮（中宮）奉レ怨ニ丞相（道長）一給云々、

としるし、決まるまでひそかにすべきだなどと結んでいる（五月二十七日条）。なお『権記』によれば、行成は、道長が第一皇子敦康よりも、敦成を東宮にしたいと見ぬくと、天皇の御前でこれについての会議が行われたとき、「道長は、当今の重臣、外戚その人である。それゆえ、敦成を儲宮にすることが当然である」と主張し、道長の気持ちを強調すべく会議にのぞんでいるが、『権記』にはまた、「於レ議無レ益」などとあって、裏面の行成の気持ちも詳しく書かれている。やはり、道長は我が孫四歳の敦成親王を東宮にすることのために、いろいろと二人で計画を練ったことは否定しがたい。

一条天皇は、譲位後まもない六月十九日に出家。二十一日には病も重くなられ、最後に、

つゆのみのくさのやどりにきみをおきて
ちりをいでぬることをこそおもへ

との和歌を詠まれている。

『御堂関白記』には、その和歌をそのままのせたあと、

……とおほせられて臥給後、不覚御座、奉レ見人々流泣如レ雨、

とある。そして二十二日、崩御された。

7　三条天皇時代

道長内覧

一条天皇時代は二五年間もつづき、道長は天皇と、ともかく安泰に過ごし、寛弘年間には紫式部をはじめ、女流文学の華がひらいた。それは道長の娘、彰子が天皇の中宮として聡明であったことによる功績が大きかっただろう。そのうえ、前述したように道長の姉、女院詮子が一条天皇の母后であったことも、天皇と道長の間を比較的なごやかに保ちあう動力ともなったのである。

ここで少し過去に立ち戻って、一条天皇即位のときの事情を三条天皇中心に考えてみよう。すなわち、花山天皇即位と同時に、五歳で東宮となった一条天皇は七歳で即位した。

これは天皇の外祖父兼家の力によることはいうまでもない。すでにこのとき、居貞親王（三条天皇）は一一歳だった。居貞のほうが年上なのに、一条天皇の即位となったのは、兼家とその娘詮子の力が大きかったことは明瞭である。一条天皇即位後、兼家亡き後、詮子が女院となって幼き一条天皇の後見となり、道長とともに一条天皇の成長を見守っていったからこそ、一条天皇と道長が仲良くやっていくこともできたのである。

さらに、古く遡れば、円融天皇退位の際に兼家が、花山天皇即位ののちには、兼家の外孫（懐仁親王、すなわち一条天皇）を東宮にするという約束を円融天皇と交わしたことに、その因を発する。その兼家と一条天皇との関係を詮子がうけつぎ、また、道長がその志を守って一条天皇との間をスムーズに進めることができたのである。それゆえ、三条天皇は東宮となるとき、すでに兼家の力によって一条天皇に一歩おくれをとっていたということになる。加うるに、三条天皇の母后は超子。これも道長の姉ではあるが、幼い頃、天元五年（九八二）親王の七歳のとき死別している。また、父帝、冷泉天皇は、怨霊に悩まれる日が多いというような状態であったか

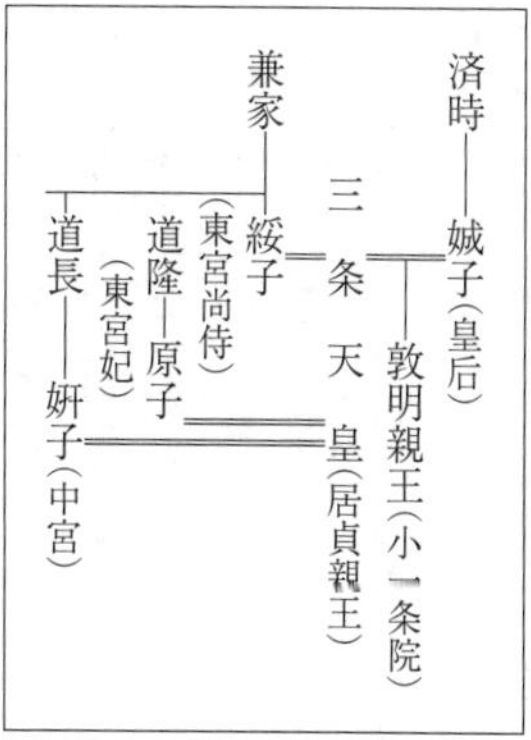

ら、東宮となるときに年長であるにもかかわらず、一条天皇に一歩をゆずらざるをえない結果になっていたのである。

東宮時代には、まず元服のとき、添伏《そいぶし》として綏子《すいし》（兼家の娘）が東宮尚侍《ないしのかみ》となり、次に藤原済時の娘娍子《せいし》が東宮女御となり（正暦二年（九九一）十一月、東宮一六歳）、さらに、道隆の次女、定子の妹原子が入内（長徳元年（九九五）正月十九日）。『枕草子』の一節「淑景舎東宮に参り給ふ程」の美しい場面が、その詳細を伝えている。東宮二〇歳のときである。

だが、綏子は源頼定と親しい仲になり、居貞親王のもとを去る。また、原子は長保四年（一〇〇二）八月三日、突如亡くなり（『権記』、『栄花物語』巻七、とりべ野）、『栄花物語』によれば、原子の死があまりにも異様であったため、すなわち、鼻血が出て急死という状態だったことから、宣耀殿女御、娍子側の女房のしわざではないかなどという噂も立つほどだった。

こうして三条天皇は、東宮時代は娍子と愛情も深く過ごしていったが、道長の二女妍子が、寛弘七年（一〇一〇）に東宮女御となった。これは明らかに道長が即位後の外戚を考えてのことであった。だが、娍子にはすでに第一皇子敦明《あつあきら》親王が誕生している。三条天皇は同八年即位のとき、三六歳。敦明親王は成人（一八歳）であったが、東宮には彰子から誕生の敦成《あつひら》がなる。まだ四歳であった。このとき、一三歳の敦康親王が第一候補だったが、後見がないという理由で、道長の外孫、敦成が幼少にもかかわらず東宮となったことは前述のとおりである。これからしても敦明は東宮候補には、まず無理であることはいうまでもない。

三条天皇は娍子との間に敦明をはじめとして、敦儀、敦平《あつひら》、師明《もろあき》らの親王、および当子《とうし》内親王をもうけていた。天皇と娍子の間の親密さをうかがうことができよう。

だが、道長は、居貞の東宮時代の末期に二女妍子を入内させた。これは前述のように、次の三条天皇時代の外戚の礎石となることを期待してのことであると同時に、すでに一条天皇と中宮彰子との間に二人の皇子(敦成・敦良)が生まれている状況での道長としての自信のあらわれでもあった。娍子が東宮時代から入内しているといっても、これは大臣の娘ではない。むずかしくなることは見ぬいていても、道長にとっては妍子が絶対の勝利を得るというくらいの気持ちは当然であったろう。

一条天皇の七七日法会《ほうえ》が終わると、三条天皇はさっそく、いままで住んでいた東三条第から新造の内裏へ遷幸《せんこう》している(八月十一日)。長くいた道長の東三条第から移るにあたって、天皇は道長と相談して叙位をおこなっている。教通《のりみち》・頼宗《よりむね》をはじめとして家子《いえのこ》・家司《けいし》らにも叙位する際に、とくに家司の中でも保昌《やすまさ》に四位を与えている。

それからまもない八月二十三日には、天皇の御使で、右大弁の道方が、「関白になるように」との天皇の仰せをもってくる。そこで道長は、「前々からそのような仰せはあったが、今年は慎むべき年であるから自分には無理である」と使の道方に伝える。その結果、太政官の文書を内覧《ないらん》すること、すなわち、内覧宣旨《せんじ》が道長に決まり、同時に牛車《ぎっしゃ》宣旨も蒙るということになる。

このとき道長は、せっかく三条天皇からいわれた関白就任の件を、なぜ断ったのか。私は前に、道長はこのとき、もうかなりの地位にあって、いまさら関白にならなくとも内覧のままで通し、謙譲な態度をとったと述べた（『歴史物語成立序説』所収「藤原道長の生涯」）。表面謙譲な態度をとり、実際は、儀式のとき上卿《しょうけい》として文書の内覧の地位を保っていたいという気持ちも強かったのだろう。森田悌氏が、正式の関白になると公卿定に多少遠慮がちになるため（『王朝政治』）、といわれるとおりである。

これより先、『小右記』七月三十日の条によると、道長は実資とこの問題について天皇の御前で話し合ったことになっている。内大臣公季は忠平の太政大臣の先例を持ち出しているが、それは現状にはあてはまらないことを実資が指摘して、あくまで『公卿補任』によって決すべきであるといい、実資は道長と和気あいあいと過ごし、公季の誤りを道長が大笑いしたなどと記述している。『御堂関白記』では、「関白事御対面之後、度々有レ仰、而今年依レ可ニ重慎一、所ニ辞申一也」と、その理由を説明している（八月二十三日）。しかし、これは単なる表面上の理由であることはいうまでもない。天皇からしばしば関白になれといわれたことは、先の『小右記』をみても明らかで、この日、おそらく公季と実資と道長の三人が集まって、関白と太政大臣の問題について語り合い、先例を調べたりしたのであろう。

妍子・娍子女御立后

こうして三条天皇時代も道長は内覧宣旨をうけ、同時に牛車宣旨も賜っている。同じく寛弘八年（一〇一一）八月二十三日、妍子は済時の娘娍子とともに女御となっている。さて、どちらが先に立后となるか、世間では、とやかく噂しているとき、三条天皇は娍子に、

春霞のべに立つらんと思へどもおぼつかなさをへだてつるかな

と和歌を贈り、春霞が野辺に立つようにあなたが立后なさるとは思うが、しばらくお目にかからないので不安ですとの意を伝える。すると娍子は、

霞むめる空のけしきはそれながら我身一つのあらずもあるかな

と淋しい気持ちを返歌する。

一方で天皇は、道長に姸子の立后をたびたび促していたが、道長は、「長年、東宮妃であり、宮たちもおられる娍子をさしおいては具合がわるい。まず、娍子を最初に后になさるのがよろしい」という。すると天皇が、「自分と姸子の仲を似合いでないと思うのか」といって道長をうらまれたので、「では吉日を選んで立后の宣旨をお下しください」と奏上して俄に立后の運びとなったと、『栄花物語』（巻十、ひかげのかづら）にある。その結果、翌長和元年（一〇一二）正月三日、姸子に立后の宣旨が下り、二月十四日に立后する。

ところが、つづいて四月二十七日にはやはり娍子が立后。ここにまた、一条天皇のときと同様に二后並立となる。さて、娍子は姸子の立后以後、世をはかなんでいると、道長は内裏にしばしば参内し、娍子の立后を早くしてほしいと奏上する。そのために、まず娍子の父故左大将済時に贈大臣の宣旨を下すようにと奏上している。そこで贈太政大臣（実は右大臣。『栄花物語』のみが太政大臣としている）の宣旨が下り、娍子は立后する。すなわち道長の特別の心づかいによって、娍子の立后が実現したことになっている。これは『栄花物語』のみの記述だが、事実、道長という人は、このように一度自分のほうの勝利となると、かならず敗者にやさしい手をのべるということをする。これも成功の手段だったのだろう。

これより先、二月に本宮（中宮の里。道長の家）で立后の儀をすました姸子は、四月二十七日、娍子立后と同日に内裏に参入する。これも道長があらかじめ決めた日と偶然に重なってしまったのかもしれない。が、もう一つの考え方として、道長が、娍子立后と、わざわざ同日を妍子の内裏入としてしまったという説も成り立ちうる。この説によれば、道長自身が、この日の娍子立后をあまり喜んでいなかったことを示しているということになろう。『御堂関白記』の四月二十七日の記述は、とくに微妙であり、何となくこの儀の参列者を気にしている。具注暦の裏面の最初に、斉信・俊賢・行成・正光・実成・頼定と、中宮妍子参内に供奉した上達部《かんだちめ》の名前をすべて書いて、「此等被レ指人也」としるしたのち、「被レ指不参人」、すなわち、この儀に参列を指定しておいたにもかかわらず不参加だった者として、まず実資の名を挙げ、「右大将、候レ内、依レ召云々」、つまり、彼が娍子立后に召されて、こちらへは来なかったと書く。つづけて隆家中納言、右衛門督懐平と挙げ、「年来相親人也、今日不レ来、奇思不レ少、有レ所レ思歟」と書く。彼らには何か思うところが有るのだろうか、自分としては納得がいかない、というふうに考えている。ついで娍子立后についても少しばかり書きしるす。その立后の儀に右大臣顕光と内大臣公季は、障(都合がわるい)をいい、不参。右大将の実資が宣命をよむ役をつとめる。さらに、娍子立后に参入の上達部は、実資、隆家、懐平、通任ら四人と書き、侍従も候せず、殿上人は一人も参じなかったと書いている。あるいは、この日が吉日だったため、二つの儀式ができると考えたのかもしれない。
『小右記』には、この二十七日、娍子立后を道長が徹底的に妨害したように書かれている。その記述は、また極端である。ここに少し挙げてみよう。すなわち『小右記』同日の条には、道長が立后を妨害し、万人が畏怖したとある。また、六衛府《ろくえふ》官人が陣に候せず、実資は「見二今日気色一、甚以言外也」と書いている。この日、調度などの準備についても、「大床子・師子形自レ内被レ奉、而左府妨遏、仍本宮令レ造云々」とあり、「以二下臈史一令レ奉三仕御装束一、是極冷淡事也」などとある。かように、『小右記』によれば、娍子の立后は相当に難艱をきわめたようにおもわれ、『小右記』の記事も、また例のごとく、おおげさな表現かもしれぬが、『栄花物語』のいうように、そんなに道長の態度が立派であったかどうかははなはだ疑問である。
結局、娍子立后の儀式には、左大臣道長、右大臣顕光、内大臣公季がともに参列しないため、大納言の実資が式をとりしきっておこなったということになろう。俄に任命された実資の怒りは当然だったろう。しかし、小野宮流の儀式作法に常にたけている実資は、いちおうとどこおりなくこの儀式を終了したのである。したがって、その不満を『小右記』にぶちまけるということになったのだろう。『小右記』には、
憚二左相府一、所レ不レ被レ参歟、天無二二日一、土無二二主一、仍不レ懼二巨害一耳、

などとあり、実資は道長をも恐れず、堂々と参加したというところなのだろう。

立后の宣命の内容について、実資は、「尊二中宮一為二皇后一、以二女御一可レ為二中宮一歟」といい、先に入っている中宮妍子を皇后にし、後の娍子を中宮にしてはいかがかと主張する。しかし天皇は、やはり妍子を中宮に、そして娍子を皇后にするようにとの意志であった。これでは、一条天皇の二后の場合と異なる。実資は、先に中宮であった定子を皇后にし、あとで入内した女御彰子を中宮にした例に準じて、この度も娍子を中宮にすべきであるという考えだった。しかし、天皇と道長の意志で、実資のおもうようにはならなかった。実資は「今日事猶以レ水投レ巌、是依二相府気一也」と『小右記』に書いている。『小右記』では、この立后の儀における道長の態度に対する強い批判は、枚挙にいとまがない。

このようにみていくと、道長は娍子立后に対して妨害はしなかったとしても、やはり積極的に賛同しているとはおもえない。このことはやはり、三条天皇と道長がうまくいっていないということに大きな原因があるようにおもわれる。三条天皇は道長に対して遠慮をしているようなふしがあり、また、眼疾のため、一条天皇と道長の間柄のように、二人協力して政治をおこなっていこうとしても、とてもできそうもない。そして三条天皇は、実資に自身の境遇の不幸を訴えるように語る。するとまた、実資は、天皇に同情しながらも、天皇のやや頼りにならぬ人柄をも充分に知っている。道長と実資との不和は、やはり三条天皇の態度からきているということができよう。

さらに、道長の九条家、実資の小野宮家、それに娍子の父済時とその父の師尹家（小一条家）との複雑な事情が、これに加わる。ここに昔をふりかえって、『小右記』正暦四年（九九三）閏十月十四日の条、敦明親王（小一条院）の懐妊から誕生に至る記述をみてみよう。

東宮居貞親王（三条天皇）の更衣《こうい》娍子が懐妊（敦明親王を生む）、そのとき、観修僧都が実資のところへ来て語る。その話の内容は、

猛霊忽出来云、我是九条《（師輔）》丞相霊、（中略）小野宮《（実頼）》太相国子族可二滅亡一之願彼時極深、（中略）小野宮相国子孫産時、吾必向二其所一妨二此事一、

とあって、九条流の祖先の師輔の怨霊が小野宮家実頼の子孫を絶とうとしている。また、同時に師尹の男済時の後胤の娍子にとりつき断絶しようとしているという。同じく、『小右記』の同日の条に、

又此更衣《（娍子）》已有二懐妊気一、仍所二来煩一也、為レ断二他同胤一云々、

とあって、語りに来た観修は、終わりに、

今聞二此事一覚二往古事一、雖レ云二骨肉一、可レ有二用心一歟、

と語る。『小右記』にこのようなことが書かれるのは、やはり、小野宮家が九条家に常に

いだいている恐怖心の表われである。ここでは九条家が小一条家にたたっている。この実資と観修の会話は、九条家と小野宮家の、後宮をめぐる深い溝の真相を物語っている。

そして三条天皇の東宮時代には、兼家の娘綏子《すいし》が添伏《そいぶし》に、道隆の娘原子が東宮妃になっている。道長を中心とする後宮をめぐる面倒さは、いま、妍子のときが初めてだが、小一条家と九条家の、三条天皇をめぐっての争いは、三条天皇の東宮時代から根が深い。現に、道隆の二女原子は俄に鼻血が出て、突然卒する（『栄花物語』巻七、とりべ野、『権記』長保四年八月三日）。これは、前述のように、娍子側の女房が毒殺したのではないかという噂まで立ったくらいである。このように九条家と小一条・小野宮両家の間には深い対立がある。この関係をみると、やはり、先述の娍子と妍子との立后問題をめぐっての道長に対する『小右記』の実資の言葉も、単に道長が実資にいやがらせをして妍子立后に懸命になったということだけではなく、もっと深い九条家と小野宮家・小一条家との対立を考えねばならない。また天皇が実資を頼りにすることが道長には不快だった。そのことは、また、後述しよう。

顕信出家

三条天皇時代は、わずか五年間であった。この五年間、天皇は眼疾に悩み、また、道長は、次女妍子が中宮になったにもかかわらず、皇子は生まれず、娍子には敦明《あつあきら》親王以下、皇子、皇女も生まれており、妍子自身も不快な毎日を送っていたようである。この五年間に、道長の周辺には不幸なことが少なくなかった。その一つ、明子腹の子顕信の出家についてみてみよう。『御堂関白記』に、次のようにある。

これより先、三条天皇即位の翌年、長和元年（一〇一二）正月十六日の午前、巳時、道長と親しい慶命《けいめい》僧都が道長のところへ現われ、おどろいたような言葉でいう、

此暁馬頭（顕信）出家、来二給無動寺一坐、為二之如何一者、

そこで道長は、「命云」（「答云」の意に近い）、

有二本意一所レ為にこそあらめ、今無二云益一、

（何かおもうところがあってすることなのでしょう。いま、いったところで無駄です）

つづいて、

早返上、可レ然事等おきて、可二置給一者也、

（あなたは早く帰って、然るべきことなどをして、彼のおもうままにさせてやってください）

といい、慶命僧都は山へ帰って行く。

腹ちがいの兄頼通が、早速叡山に登り、顕信に会いに行く。道長邸には、人々が事情を聞きに多く集まってくる。道長は直ちに、顕信の母親、高松殿明子の所へ報告に行く。

渡二近衛御門（明子）一、母・乳母不覚、付レ見心神不覚也、

母親明子はもちろんのこと、自分も茫然自失してしまった。しかし、そうしてはいられない。道長は早速、気をとり直して、少量の物を翌日、山にいる彼に送る。道長は息子に出家を先越されたことを大そう嘆く。

雖レ有二自本意事一、未レ遂、於二思難一依レ可レ為二罪業一、無レ所レ思、然非二寝食例一、（『御堂関白記』正月十七日条）

（自分もまだ出家の意志を遂げていない。これ以上、思い悩むことは罪となる。もう思い切ろうとするものの、やはり寝食も例でない）

と、そのつらい気持ちを書き綴っている。

顕信が出家した当日の道長の複雑な気分は、『栄花物語』（巻十、ひかげのかづら）によって、よりいっそう明らかになる。

顕信は、夜中に皮の聖（行円上人）のもとに行き、「法師にしてほしい。年頃の本意であ

る」と頼んでいる。さすがに行円も、直ちには承諾せず、「そのようなことをしては、父上から勘当をうけますよ」といってきかない。だが、顕信の意志はかたく、「自分も、ここまで決心したからには、父が何といっても引くわけにはいかない」と答え、行円も「ことわりなり」と、泣きながら顕信を法師にした、とある。そして、夜中に顕信は無動寺に着いたという。

さらに、『栄花物語』の記述はつづく。日の出る頃になって、顕信が行方不明になったとの噂がひろがり、探した結果、皮の聖のもとで出家をしたとのこと、早速、道長に呼び出され、はじめはしぶっていた行円僧都も、道長の再三のよび出しによって参り、そのさまを申したところ、道長は顕信の態度をほめ、自分の至らなさを嘆いている。

行円は顕信を出家させてしまったことに、恐《かしこ》まり申していると、道長は静かに、「そこまで決心していては、あなたが出家させなくとも、もう止めることはできないだろう」といい、原文には、

「いと若き心地に(思い切って出家したとは)、(中略)あはれなりける事なりや。我心にも勝りてありけるかな」とて、山へ急ぎ登らせ給ふ。高松殿の上は、すべて物も覚え給はず、

とあって、『御堂関白記』と類似の叙述がなされている。

つづいて『栄花物語』では、道長は早速、山に登り、顕信に対面。彼に向かって、「父のやり方をつらいと思ったか。また、官爵《つかさこうぶり》の事で不満なことがあったのか。または、思いつめた女のことか。我が生きているかぎりは見捨てることはないと思ったのに、つらい」と、いいつづけて泣いた、とある。

そこで、顕信も涙ながらに、「何事を恨みましょう。ただ、幼少の頃から出家したいとおもう志があって、そのようなことは父上の思いもよらぬこと、申すのも恥ずかしく、いい出せば反対されるに決まっていることゆえ、ひそかに出家をしてしまいました。父母をはじめ、誰に対しても、かえって出家してこそ真に孝養もできるのです」と答える。

そして、道長は山を下り、多くの入用のものを用意して送る。『栄花物語』はこの事件の叙述の最後を、

あはれにいみじうありがたき御出家になん、

と結んでいる。

『御堂関白記』には、同年四月五日の条に、「入道装束・小物等志」とあり、『栄花物語』と類似する。『大鏡』には、道長が息子の中に一人も僧がいないため、顕信の出家を喜んだような様子もみられ、また、『宝物集』三には、顕信のただならぬ道心ぶりが書かれている。また、『源平盛衰記』(十五、相形事)、『撰集抄』九では、それぞれ妻をめとる話が

書かれ、それを断って顕信が出家したとあり、前者では、藤原斉信の娘、後者では、但馬〔ママ〕守源高雅の娘が、その相手だったことになっている。

さて、この顕信の出家の真相は何であったか。いま、道長の息子たちの昇進状態をみてみると、倫子腹の子は、頼通をはじめとしていずれも昇進が早い。それに反し、明子腹は、頼宗をはじめとして、やはり遅い。顕信は、一九歳、右馬頭《うまのかみ》であった。この年（長和元年）、倫子腹のほうは頼通二一歳・権中納言・正二位、教通は翌長和二年、一八歳、この年、頼通の権大納言への昇進に伴い、彼は非参議よりいきなり権中納言に、数人を超えて昇進。明子腹の頼宗・能信は、それぞれ二一歳と一八歳でありながらも公卿陣には入っておらず、翌年の長和三年にいたり、頼宗が権中納言に、能信が非参議となっている。また、倫子腹は、彰子がこのときすでに中宮より皇太后にならんとする時期。次女の妍子が、いま、三条天皇に立后という状況にある。このような環境にあるとき、顕信の出家を考えると、明子腹の家系に行く先の不安を見いだして、それが出家へと彼を導いたことは想像にかたくない。もちろん、官位の不満のみではなく、説話類のいうような結婚の問題にせまられていたということもあろう。しかし、やはり最大の原因は、倫子系の息子に対しての自分らの不遇を悟ったことではなかろうか。

顕信の出家の前日にあたる正月十五日、一条院において御念仏が行われ（『御堂関白記』）、

道長は、

君まさぬ宿には月ぞひとりすむ古き宮人立ちもとまらで

と和歌を詠んでいる（『栄花物語』巻九、いはかげ）。一条天皇も崩御され、つらい心境にあった道長に、顕信の出家は、さぞかし心に衝撃を与えたことであろう。

顕信出家の翌月、二月十四日、妍子立后の儀。これは、『御堂関白記』に、かなり詳しく書かれている。前の長保二年（一〇〇〇）の彰子立后の儀の叙述とは大いに相違する。すなわち、前回は、まだ慣れていなかったためか、記述が簡単であるうえに、道長の一人よがりの表現が目立ち、

以二午時一参二入内一、酉時宣命、右府行レ之、御二南殿一、御二本殿一後、宮司有二除書一、

というような書き方に終始していて、これでは、それぞれ内裏の儀、本宮の儀の実態がよくわからない。それが、このたびの妍子立后の儀になると、まず、南殿の儀と本宮の儀とを分けて書き、南殿の儀では、

参二大内一、酉許、戌時宣命如レ常、但無二御出一、右府行事、

とある。このとき、なぜ天皇の出御がなかったか。天皇は妍子の立后に、最初から好意をもたなかったがためであろうかとも考えられる。そのため、本宮の儀を非常に詳しく書きしるしている。本宮の儀ではまず、大床子《だいしょうじ》・師子形《ししがた》・御草鞋などを立て、御座に妍子

は着座する。再拝、妍子は東対座に移り、道長も着座し（「余着座」）、御膳が運ばれ、宴会のはこびとなる。その間の儀式次第が、采女《うねめ》・女房・乳母らをふくめてまことに詳しく書かれている。のちに、三女威子の後一条天皇への立后の儀も、これと同様、あるいはそれ以上に詳しく書かれている（後述）。同じ立后の儀でも、彰子立后のときとかように異なるのも、長保二年の頃はまだ、『御堂関白記』の叙述が、いかにも簡素で幼稚ささえ感じられるのに対して、長和年間ともなれば、筆もしっかりとして表現にも堂々と自信があるような書き方になってきたことによるものといえよう。

こうして立后の儀は、本宮の儀式次第まで正確に『日記』につけているくらいであるから、道長は慎重な態度でこれにのぞむと同時に、やはり、大へん嬉しかったのだろう。ひと月前の顕信の出家は、たいそうつらかったが、妍子立后によってあるいは悲痛な気分もいくらか和らいだかもしれない。

四月五日、立后の儀も一段落ついた道長は、叡山に登り、顕信に会っている。『御堂関白記』に、道長は慶命僧都に世話をかけぬよう破子《わりこ》（弁当）を用意していったのに、慶命は食物を儲けていたとあり、顕信への父親の心づかいだろう、「入道装束・小物等」を志すとある。それもそう長い時間ではなく、巳時に登着し未時に還る（約四時間）とある。『小右記』によれば、無動寺の中に顕信の住房を造らしめるためであったという。道長はこのとき乗馬で登ったと、同じく『小右記』にあり、また『権記』にも、賀茂祭以前に道長が騎馬で登山したことを実資が行成とともに非難したという記述がある。

顕信は五月二十三日、叡山で受戒、道長は戒師の慶命僧都らに禄を用意し、座主《ざす》に法服等を贈るなど万端ととのえ、受戒終了後、道長の供をしてきた上達部などに饗宴が設けられたりしている。

この頃より、『小右記』に道長に対する非難の言葉が多くなっている。道長は二十二日払暁登山。「親昵卿相・雲上侍臣多追従云々」とあり、ついで二十四日の条には、実資の養子資平《すけひら》の言葉として次のように書く。騎馬で東坂より登山した道長一行の前駆が檀那院辺にまできたとき、石が前駆の人々に投げられ、その一つが皇太后宮亮の大江清通の腰にあたった。「殿下の参り登り給うぞ。何者の致す非常の事か」と前駆の人々が叫びいう。すると頭を裹《つつ》む法師五、六人が出で立ちていうに、

ここは檀那院ぞ、下馬所ぞ、大臣・公卿は物故は知らぬ物かと、

とある。すなわち、騎馬で登山したことに対しての強い非難である。「大臣公卿なりとも髪を執て引落せ」という言葉も出て礫《つぶて》の飛びくること十数度におよび、一つの石は道長の馬の前にころがって落ちたという。

これに対し、実資は、「相府当時後代大恥辱也」(『小右記』)といっており、道長が騎馬

で登山したことについて、実資は座主の覚慶《かくけい》の意見（道長をはじめ数十人が騎馬で登山したこと。騎馬すべきでないということ）も引用し、「飛礫三宝所㆑為歟」「若山王護法令㆓人心㆒催㆑狂歟」と付け加えている。

同じく『小右記』六月四日の条では、「比叡（日吉）神社の鳥居の前を通るときは、往還の人が必ず伏して拝過する。しかるに道長をはじめ一行は騎馬のままで通り過ぎたという。道長は慎まれるべきである」と実資はいい、道長の行動にことごとく批判を加えている。

さて、これより先、四月三日、道長は一条天皇の御遺領、御遺物などを処分しており、『小右記』によれば、中宮彰子、東宮敦成親王に勅旨田各一〇〇町、敦康・脩子《しゅうし》の両親王には八〇町、乳母らには二〇町を宛てたとある。そして、五月十五日には、皇太后彰子が故一条天皇のために法華八講をおこなっている。とくに三日目は捧物《ほうもち》の日。道長は、『御堂関白記』に「法華八講の女房の捧物は風流並びない」と瑠璃壺など、そのすばらしさを賞めたたえている。それら捧物は御遺物の処分の物であった、と書いている。『小右記』には、捧物の台は舞台のように大きいので、そのときになって立てるのではなく、あらかじめ立てられるべきものなどとあり、ここで実資は、「往古所㆑不㆓見聞㆒」とか、「甚無㆓便宜㆒」などと非難している。

この年六月、道長は病によって上表。『小右記』によると、気分がわるく一日には頭痛がひどかったという。慶円に修法《ずほう》を依頼し、彼は道長のもとに来たものの、病は先日の道長の叡山の騎馬登山のたたりであるといい、修法をこばんだ。それに対して道長は反論したが、慶円は修法をせず帰ったという。また六月には、道長邸の堂で法華三十講が行われ、道長は公任、俊賢《としかた》らに扶けられて講説《こうぜつ》の場に向かうのがやっとのことであったという。道長は左中将源経房《つねふさ》に向かって、今回の講説が最後である、と涙を流していう。経房も涙を拭うとあり、翌日より快方に向かったとある。この際、道長は実資を招いて心事をしみじみと語った。すなわち、三宮（彰子・妍子・東宮敦成）のうち皇太后彰子のことが気になる。もしこんど、自分が生存不可能なら、それが一番気にかかることだと実資に語ったと、『小右記』にある。

この間、道長邸の上から人魂が飛び、北に去ったとか（八日）、猪が日吉社殿に入り社殿が破損したとか、鵄《とび》が死んだ鼠を道長の直前（二、三歩ばかりのところ）に落とすとか、奇怪なことがたびたび起こり、『小右記』は、「往古不レ聞之事也」とか、「見者為レ怪」などと書いている。道長は法性寺へ賀茂光栄《こうえい》の進めにより参る。すると法性寺の堂へ入らんとしたところに蛇が落ちてくるなど、「誠是恠歟」（『小右記』十一日）と不吉なことばかりつづく。十六日にはまた、春日社に怪異があり、すなわち、御在所の南方に大樹の倒れるような声と地響きを聞いたという。賀茂光栄の占文《せんもん》には、氏長者の病の事と出たとある。やっと六月二十日には全快し、道長は上達部の座に出てきて加わった。このとき資平が実資にいうには、道長の病を喜ぶ公卿が五人あった。それは、大納言道綱・予実資・中納言隆家・参議懐平・通任だった、と。

道長は、この六月まるひと月、『御堂関白記』を書いてない。やはり病状がよくなかったためである。かなりこの病は重かったのだろう。世間には、比叡を騎馬で登ったそのたりという風聞が広がった。さらに、『小右記』は、資平のいう世間の噂などを中心に数多くのことを書きつらねているが、とにかく重病だったことは事実であろう。同じくこの頃、三条天皇も病気だった。『御堂関白記』に「内有二御悩事一、瘧病歟」（七月十六日）とあって、御加持や御読経をやり、道長は自分の病のとき召した僧らがその験があったから天皇の御悩の折にも、これらの僧らに修法をさせたという。「感悦無レ極、本自所レ候僧無二面目一」（同七月二十六日）としるしている。

威子尚侍

長和元年（一〇一二）八月に入ると、道長は病もどうやらよくなり、「初候宿」（八月七日）と『御堂関白記』に書いている。病気全快後の初めての候宿《こうしゆく》（内裏に宿直すること）である。道長の病が回復すると、早速、女官除目が行われ、一四歳となった三女威子が尚侍《ないしのかみ》に任ぜられている。『小右記』には「頗有二鬱々気一」（八月二十一日）とある。

九月十七日、道長は解除《げじょ》（身を潔めること）のため辛崎《からさき》に向かった。豪雨により還ったときには、衣裳などすべてずぶ濡れであったという（『御堂関白記』）。これに対し、『小右記』は、辛崎は比叡明神の祭場であり、先日の受戒の時の騎馬の咎により雨に遭い、目的を達せず帰るということになってしまったのだと述べている（同十八日）。

九月二十二日には陣定があり、その内容は、大和国では百姓が守の延任を請うた問題、また、加賀国の国司と百姓が互いに愁訴をおこなっていること、また、宋人来着後の安置の可否について等々の内容であった。道長が簡潔にそれらを処理している様子が、『御堂関白記』にみえている。

翌月、すなわち十月二十日には、威子の裳着《もぎ》をおこない、「余結二裳腰一」と『御堂関白記』に書いている。

この年は三条天皇即位の翌年なので、十一月の新嘗会《にいなめえ》の日に大嘗会《だいじょうえ》が盛大に行われ、威子は女御代となる。道長は、閏十月二十七日、新たに随身《ずいじん》二人、馬副《うまぞえ》などを賜り、「毎レ見二馬副一、涙難レ禁」と『御堂関白記』に書く。感激し、喜びの涙にむせび泣いたのであろう。

件六車其様雖レ似二例車一、甚以奇恠、風流非下以レ詞可上レ云、所二未レ見一也、目耀心迷、非レ可二書記一、（閏十月二十七日）

とあって、件の六車とは、本日の晴の儀、威子の女御代のために皇太后彰子および中宮妍子の女房たちが乗った車、その美しさは、言葉ではいいあらわせぬものだったという。『栄花物語』（巻十、ひかげのかづら）にも、その風流な有様は、こまかに書かれ、『御堂関白記』とよく合致するところである。十一月十七日、道長は初めて牛車を用うることとなる。大嘗会の儀式についてのこまかい叙述は、『御堂関白記』十一月二十二、三、四日に詳しい。道長は、この日（二十二、三日）、内弁《ないべん》をつとめる。また、頼通が小忌《おみ》の上卿《しょうけい》をつとめる。そして、平素の新嘗会の場合は、辰の日が豊明節会《とよのあかりのせちえ》であるが、この場合は、巳の日節会があり、午の日が豊明節会となっている。さて辰の日の節会では、道長が挿頭《かざし》を天皇に献上している。その行動も『御堂関白記』にしるされているが、帳台に昇り、天皇の御冠に花をさす。これは、『北山抄《ほくざんしょう》』『江家次第《ごうけしだい》』にも詳細に書かれており、儀式における大臣としての当然の任務ではあるが、この日、道長は、自信満々と『御堂関白記』にその行動をこまかに書いている。翌二十四日は、内大臣公季が内弁を奉仕。道長は「余候二御後一、次第如レ式云々」と『御堂関白記』にある。

十一月二十八日には、尚侍の藤原威子は、大嘗会女叙位により、従三位に叙せられている。

禎子内親王誕生

長和二年（一〇一三）正月、行事も、そのまま過ぎ、五歳の東宮敦成親王は、正月十日、母后の皇太后御所、枇杷第に朝覲行幸。暁に道長は倫子とともに東宮に参り、東宮の朝覲行幸にお供をする。『御堂関白記』に、

余等歩二御車後一、於二陽明門一乗馬之後、上達部候二御車前一、

とあり、東宮は枇杷第の東陣に御車を留めて南階より昇り、道長らは屏風の几帳などを立て、皇太后彰子と東宮の御対面となる。

朝覲行幸もめでたく、また、道長にとってこの年は幸運つづきであった。中宮妍子は懐妊。同じく正月十日、土御門第は方違《かたたがえ》にあたるため、東三条第に妍子は里下りをした。彰子の場合と同じく、不断御読経が早速に行われた（『栄花物語』巻十、ひかげのかづら）。ところが、同十六日、東三条第が焼失。道長は馳せ参じ、妍子は春宮大夫斉信邸に移る。道長は、春宮大夫とは年来よく語り合う間柄である。妍子を迎え入れてくれたことに対し

て、慶び極まりなく、「年来芳心有二此時一」、すなわち、いつもの親しさの有難味がしみじみとこのときにわかるということを、『御堂関白記』に書きしるしている。

一方、道長は、やはり、中関白家の皇子、皇女たちに対してもよく面倒をみている。敦康親王はいうまでもなく、脩子内親王には、長和元年の十二月十二日に、経巻を奉っており、また二年正月二十七日には、内親王が三条宮に渡るとき、金造車《こがねづくりのくるま》を奉っている（『御堂関白記』）。なお道長は、二月四日には、大宰大弐平親信《ちかのぶ》のもとより到来の唐人がもたらした品々を、皇太后宮彰子、中宮妍子、皇后宮娍子、東宮敦成親王らに奉っている。

妍子はこの頃、懐妊のため心細くなっていたのか、あるいは何となく充たされぬ心境にあったのか、中宮御所においてさかんに饗饌《きょうせん》をおこなっている。これに対し、「諸卿が表面は饗応を喜びながら退いてから誹謗していると皇太后彰子がいわれている」と、実資の『小右記』に書かれており、辛辣な実資は、

連日饗宴人力多屈歟、

といっている（二月二十五日）。妍子は派手な性格だったらしく、このような行動をとりがちだったのだろう。姉彰子が案じている妍子のふるまいを、実資は大げさに非難したのだろうが、この頃の中宮妍子には、それが当たらずとも遠からぬところがあったともいえよう。

この頃より道長の宗教熱は、ますます昂じてくる。仏堂を法興院に造る準備を始め(『御堂関白記』二月十一日・十八日)、また、中宮妍子のためにも仏像を造り、御修善・御読経などをおこなっている。さらに、同年三月十八日にも、

参二皇太后宮一、到二於堂一、〔源脱〕院僧都令レ申二上仏経一、

とあって、皇太后彰子のためにも道長は、仏経を供養している。

さて、三月には敦儀・敦平両親王の元服。敦儀は一七歳、敦平は一五歳である。いずれも、いうまでもなく三条天皇と皇后娍子との間の皇子。敦明親王の弟宮である。元服は二十三日、これに先立って皇后娍子は、皇子、皇女らを引きつれて内裏に参入する。ただ、『小右記』には、「五人卿相申レ障歟、大納言斉信・公任、参議不二饎聞一、(中略)其外今四府将佐不レ候云々」とあって、公任、斉信らは、道長側《がわ》の公卿たち。彼らの不参ということからして、彼らが娍子参入の儀に喜んで参加という気持ちになれなかったのも仕方のないことであるように、『小右記』にはみえる。また『御堂関白記』長和元年十二月十一日条に「事障種々也」とあるように、やはり何か、この元服には少なからず障害があったのかもしれない。しかし、『御堂関白記』の元服当日の儀式の記述は、大へん詳細になっており、道長が敦儀の加冠、右大臣顕光が敦平の加冠をおこなった、とあって、何かこの儀に対して不快であるというようなけわいはべつにみえない。皇后宮娍子の内裏参入、並びに敦儀・敦平両親王の元服

と、小一条家の発展してゆく状態をみて、道長は、「かたわら痛し」といったとある。何となく、それほどよい気分ではなかったのであろう。

この頃の『御堂関白記』には、かなりみやびな表現がみられる。例えば、元服の儀の終わりのほうに、

　従レ昼雨下、志久礼様也、

とか、また、二十四日には、

　雨降如レ常、似二志久れ一、雪相加下、北山雪白、

などとみえ、三月の降雪に人々も驚いたのであろうか、「衆人為レ奇」ともみえる。

この頃、道長は焼失（長和元年閏十月十七日）した法興院に仏堂を建立している（長和二年四月三日）。

これより先、道長の東三条第が焼失したため、妍子は藤原斉信邸に遷御していたが、四月十三日には、上東門第（土御門第）に還啓している。この途中、皇太后彰子と対面が行われ、紀貫之筆の古今和歌集、藤原文政筆の後撰和歌集などが贈物として皇太后より皇后に送られている。

道長は、この頃、華美を禁ずることに懸命になっており、賀茂祭（四月十五日）の狭敷見物について、

雖レ有二倹約宣旨一、過差自レ例甚、（『御堂関白記』四月二十四日）

と嘆いている。同じく二十八日にも、

祭間過差使々可二召問一出、可レ仰二右大将一者、

とある。実資も同じく『小右記』に過差禁制の宣旨に背くとしるしている。

道長の心の中に、とくに宗教に惹かれていく何かがあったのだろうか。いうまでもなく、一条天皇の国忌が近づいたからでもある。五月一日には天台舎利会に比叡山に登っている。五月四日からは法華三十講を行い、皇太后宮彰子の季御読経《きのみどきよう》（五月十二日）、中宮妍子のための仏経供養（五月十四日）を行うなど、『御堂関白記』に、ことこまかにしるしている。すなわち、十二日には僧名定《そうみようさだめ》、藤原忠輔の作る御願文《ごがんもん》があり、十四日は釈迦・薬師・観音・金色不動・大威徳など五大尊像を中宮の御殿の母屋に安置している。中宮妍子は仏事供養終了後、中宮の御堂に渡り、その晩より五大尊の御修善を始めている。翌十五日は法華三十講五巻日。中宮より御捧物の分盤・匕二十一具などを賜っており、仏事のかれこれに月日を費やしている。六月四日には先の御願文を書いた忠輔が薨去。道長は御嶽精進の方違にも忠輔の家に在宅する（『栄花物語』巻八、はつはな）など、二人の間柄は親しいものであった。

あいかわらず仏事供養はつづく。中宮観音経不断御読経、道長家の仁王経《にんのうきよう》不断読経

（六月二十二日『御堂関白記』）をはじめ、円教寺御八講初《はじめ》に参り、その後、皇太后宮彰子に参り、一品宮《いっぽんのみや》敦康親王の御読経などを催している。二十二日、一日だけでも、まことに多くの仏事供養が行われている。この日は一条天皇の国忌。円教寺御八講のほかに、院源僧都に法華経一巻をはじめ無量義経、観音経などの読経をたのんでいる。

この間、道長は息子頼通の昇進に着々と準備をなし、六月二十三日には、天皇が藤原懐平の権中納言昇任のことを仰せられたところ、頼通の昇進を奏請している。その結果、頼通は権大納言となり、懐平・教通も権中納言に任ぜられている。二十四日の『御堂関白記』には、「大中納言申二所々慶一」とあって、頼通・教通、そろっての昇進の喜びとなる。また、腹ちがい、明子腹の息子能信《よしのぶ》は左近衛中将となっており、二十八日には能信の新任饗《きょう》が設けられている。

二十八日には法興院法華八講。道長は、これにのぞみ、七月二日に結願となっている。

さて、長和二年七月六日、三条天皇と姸子の間に、禎子《ていし》内親王が誕生。『御堂関白記』には「子時平安降二誕女皇子一給」とあり、三、五、七、九夜の産養の儀式が詳細に書かれている。『御堂関白記』は、華やかに美しくこの儀式次第を記述しているが、『小右記』（七日）では資平の言として、このことに触れ、

資平帰来云、相府已不レ見二給卿相・宮殿人等一、不レ悦気色甚露、依二令レ産レ女給一歟、

天之所レ為人事何為、

とあり、生まれた子が女子であったため、道長は喜ばなかったという。『栄花物語』（巻十一、つぼみ花）にも、道長は女の子であったため口惜しくおもい、「これは我が家にとって初めての御産ではない（前に彰子より皇子が生まれているの意）。また、そのうちに皇子の生まれることもあるだろう」と考えて御湯殿の儀式に入られたという。『栄花物語』では道長の初孫を栄花の初花と称し、この皇女をつぼみ花と称しているのも面白い。道長は、この産養について詳しく『御堂関白記』に叙述している。そしてまた、八月二十七日にも禎子の五十日《いか》の儀をしるし、つづいて九月十六日は、土御門第への三条天皇の行幸。楽人らの乗る龍頭鷁首の船楽《ふながく》にむかえられて、御輿が入る。競馬があり、叙位。この日も道長の一族や女御たちが昇進し、夜に入りて船楽が月光のもとに行われる。また、若宮を道長が抱き、天皇と対面。御帳台《みちょうだい》の中で若宮をかこんでの天皇と中宮姸子との和気あいあいの描写も美しく、還御となる。

この家の子の君達の位増し、殿の家司どもの加階せさせ、（中略）宮の御前に啓せさせ給、

と『栄花物語』にある。この土御門第には、たびたびの行幸があり、后の出身の邸でもあるので、これを勝地といい、また栄花という理由がよくわかると、『栄花物語』の作者は

いう。道長は、生まれた子が女子であったため、一時は少しがっかりしたようだが、とにかく盛大な儀式であったのである。七月八日、三夜の産養の儀には「従二大内一以二朝経朝臣一給二御剣一」（『御堂関白記』）と、朝廷より御はかしが贈られている。今まで皇女には御剣を賜った例はなく、このときが初めてであったと、『栄花物語』にはあり、

　ことのほかにめでたければ、これをはじめたるためしになりぬべし。

とある。こうして禎子内親王の誕生の儀も終わり、八月には道長は教通らと嵯峨野に前栽《せんさい》を掘りに行く。教通、能信らが風流な花の垣を作り、右近馬場で和歌を詠む。そして、これら前栽を皇太后彰子に献上している（『御堂関白記』『小右記』十三日）。

　やがてこの頃より道長の仏事供養は一家を挙げてのものになってくる。八月十四日、忠平の建てた法性寺《ほっしょうじ》に五壇法を修する。皇太后の彰子をはじめとして、中宮妍子、女方倫子、大納言頼通、左衛門督教通らは、仏像各一点を絵に書いて修め、法性寺の五大堂《ごだいどう》に皆、これらを懸ける。『御堂関白記』に「本宮・本家皆有二行事一」とある。

　やがて、皇女禎子内親王の五十日の儀（八月二十七日）も終わり、九月十六日の、三条天皇の道長の土御門第への対面行幸の模様は先述のとおりである。しかし、『小右記』（九月六日）は、この行幸について非難している。すなわち、「万人云……」と、万人の言葉をかりて実資は、御即位の初めに、八幡・賀茂・春日の御願の行幸がまだ行われていない

前に、まず道長邸に行幸するのは、「可レ無二便宜一」と書き、禎子内親王との対面といえども、よろしくないという。実資は、そうはいいながらも、道長邸でのいろいろの行事、すなわち十三日の競馬の予行演習、十四日の東遊《あずまあそび》、十五日の行幸召仰、十六日の行幸当日も参っており、儀式の次第をことこまかに書きしるしている。だが、その中にも批判が多い。「寄二御輿一」の部分に、鳳輿《ほうよ》のことについて故実を知らずといっている。すなわち、鳳輿（腰の位置に持つ）を用うべきなのに鳳輦《ほうれん》（肩にかつぐ）を用いたことは所司の失誤という。競馬の本番については、勝負までこまかく書きしるし、騎射についてもしるしている。その夜、月明のために灯り、すなわち庭燎《ていりょう》を撤せしめてはいかがと道長は実資に目くばせをしていう。そこで実資は、「然事也」といい、主殿寮《とのもりょう》をして庭燎を退かしめ、また池のほとりの篝火も少し減ぜしめたという。実資は、こうして儀式の場に楽しく参加している一方、また、叙位について道長の言動をとりあげ、道長が位階表の誤りが多いといって別紙に書き直させているのを見て、「未レ聞之事也」としるしている。

多忙であった道長も、十月に入ると少し余裕ができたのか、大井川、宇治に遊び、作文の会をおこなっている。三日は斉信・公任らと大井に遊び、六日は宇治に行く。賀茂の河尻より舟に乗り、舟中にて管絃、和歌などをおこなう。

さて、十月二十日は禎子内親王の百日《ももか》の儀。「余奉レ含レ餅」（『御堂関白記』）と道長が禎子に餅を食べさせるまねをする。このときの調度類に道長はすべて銀を用いている。これに対し実資は「難レ堪之世也」（『小右記』九月二十日）と批判している。

こうして天皇と皇女の対面も過ぎ、天皇は内裏に帰られると、その後、妍子にできるだけ早く内裏に入るよう勧められ、十一月には内裏に入ることが決定。その当日十一月十日は、多くの乳母たちも参り、一段と華やかな雰囲気につつまれていた（『栄花物語』巻十一、つぼみ花）。二十二日には、禎子内親王家の家司および侍所の職事などが定められた。そして、十二月十七日には「姫宮政所・侍所等雑事初」（『御堂関白記』）などが行われている。

長和三年（一〇一四）、土御門第は皇女禎子内親王の成長とともにうららかな春を迎えた。天皇は「若宮はいづら」などといわれ、命婦のめのとが内親王を抱いて出てくると、天皇は、正月のかざりの餅鏡《もちいかがみ》を皇女に見せてやりたくて、「いかにもうつくし」と抱きとり、「餅鏡を見奉らせ給へ」とつづけていわれる。天皇の御前に候《さぶら》う人々は、おかしさを我慢できなかったという（『栄花物語』巻十一）。しかし、天皇と中宮の間は、なにか打ち解けぬものがあったらしい（『栄花物語』によれば、中宮は長和二年十一月十日、内裏に入ったとあるが、『小右記』では、中宮の内裏還御は、翌三年正月十九日）。

ことゞもやう〳〵果てゝ、心のどかになりもていきて、上より松に雪の氷りたるを、

春くれど過ぎにし方の氷こそ

松に久しくとゞこほりけれ

とあれば、宮の御返し、

千代経べき松の氷は春くれど
うち解けがたきものにぞありける

（『栄花物語』巻十一）

とあって、天皇と中宮との気持ちが釈然としないことを明らかにしている。

『小右記』の道長批判

この年、長和三年（一〇一四）は、まったく一年間、道長の日記がない。これは書かなかったのか（病のためか）、散逸してしまったのか明らかでないが、とくに書かなかった理由も明瞭でないため、いちおう散逸だろうとみておく。いずれにせよ、彼の行動を探るには不便を感じる。とりあえずこの年は、『小右記』『栄花物語』などによってみるよりいたし方ない。

さて、長和三年の除目によって、道長は明子腹の息子二位中将の頼宗を中納言に、また能信を三位にせんとするけわいが強かった。それに対して実資は、『小右記』に、「大中納言員数多過」にもかかわらず、さらに加えようとするのは言語道断と書く。「乱代之極又極也、悲哉」（正月十七日）といい、また、公任の息子の定頼について、父大納言公任が道長に昇進を頼みに行っていることを実資は知って、「彼既有縁之人也、（中略）近代之事多在㆓臣心㆒之故耳」（二年八月二十九日）と書く。結果は定頼が右中弁になっており（『公卿補任』長和三年正月二十七日）、この儀に大納言頼通、中納言教通が列立し、道長とともに父子相対して列に立つことは、「太無㆑便」といい、この日の儀に対する道長の態度をことごとく批判している。そして、長和三年正月二十四日には道長の直廬《じきろ》において饗饌《きょうせん》があり、「両丞相被㆑参㆓酒食㆒、頗不快事也、追従之甚歟、又左大臣宿廬、則是中宮也、仍被㆑参歟」とあって、道長への追従のはげしいことを嘆いている。

この年、二月九日には内裏が焼亡。天皇も中宮妍子とともに太政官朝所《あいたんどころ》に移られ、二十日には松本曹司に移られた（のちに枇杷第に移る）。

この頃より道長の三条天皇に対する態度の一段と悪化していくことが、『小右記』にしばしば表われる。長和三年三月十四日の条には、道長と道綱が天皇を責め奉ることがあったと人々が噂をし、また同二十五日条には、道長が御譲位を勧め、天皇は「太難㆑耐之由有㆓仰事㆒」とあって、実資は「奇也恠也」と書いている。

四月六日条には、道長は針を足に踏み立て参内不能、とある。また、九日には天皇が松本曹司より道長の枇杷第に遷御。中宮も同時に移り、東宮も権大夫藤原頼通邸に行啓され、道長の家へ天皇はじめ皇族がほとんど入っていることになる。

さて、五月十六日には道長の上東門第に天皇の行幸となる。これより先、四月二十三日には、造宮の事もまだ定まっていないのに、「忽《たちまち》にこの事が有り、言外の事也」と実資はいっている。十六日、いよいよ行幸当日には競馬が行われる。その馬奏および御馬次第は道長の指導のもとに行われる。この競馬の際も準備が不充分であったためであろうか、不都合なことも少なくなく落馬する者などもあり、それら失態のあった者には直ちに退去を命じている。造宮のこと、すなわち、造内裏定《さだめ》以前に競馬を行うことについて批判の声もあり、目で合図をするものもあったという（『小右記』）。天皇が出御。内大臣の公季は直ちに簾中に入る。道長が再三、奏上のため公季を召入れたとのこと、実資は「何事か」と公季にたずねる。公季は能信を三位に叙すことのためと答える。実資は、

本位従四位上、今叙二従三位一、越階也、左大臣子多越階、未レ知二其故一、

といっている。能信は従三位に叙せられ、庭中にて拝舞をおこなっている。

先に、二月九日焼亡した内裏に対して造内裏は具体化し、同十八日、頼通らには造宮行事の役目があたえられ、その事業は着々と進められていた。

『小右記』二月十八日の条には、造宮の殿舎を減少することを、道長に公任と源俊賢らが申し出たことがしるされている。また、造宮別当に三条天皇が懐平をしきりにすすめた

ことに対し、道長はこれを拒み、他の人を定めたという。

　軽々日倍、満座側㆑目、蒙㆓綸言㆒之人、還為㆓摧折之謀㆒、抑造宮者天下重事、豈如㆑此之、

と『小右記』五月二十四日の条にあり、また、造宮定の日（二十四日）も公卿たちが道長の宿廬に集まっていると、実資は嘆いて書きしるす。『小右記』は道長のこの頃のやり方を、心のある人々は、ささやき合って非難しているといい、

　天下之事於㆑今何為、大悲之代、

とある。

六月二十九日、道長は祇園社に詣でている。河原で解除《げじょ》の間、大雨に遭い、金銀幣および神馬を奉っている。『小右記』は、「今日追従卿相」として中納言俊賢・懐平・教通らの名をあげている。

　この頃、皇太后宮彰子は敦康親王のことを常におもっていたのだろう。皇太后宮邸で宴が開かれており、敦康親王がこれにのぞんでいる。彰子が幼い頃より自分の手許に引きとって育てた敦康親王については、『小右記』にこの頃、多くの記述がみられる。十月十一日、十二日の条によれば、皇太后宮彰子のところで宴会が行われた。敦康親王は管絃作文の会に出席し、一条天皇の旧臣たちが扈従《こじゅう》している。また、十月二十五日には、敦康親王

は道長の宇治第に遊びに行っている。賀茂河尻より船に乗り、親王は道長と同車。伶人《れいじん》・文人を前駆として華やかな遊びが行われた。翌日の隆家の実資への報告によれば、親王は道長とともに衣を脱いで遊女に給わったという。この際、道長は「宮だに脱給」といって脱衣したとのこと。同じく『小右記』翌二十七日条には、資平が「宇治事触レ色軽々」といったとある。

十二月に入ると、敦明親王家の家人や雑人と右中弁藤原定頼の従者との闘乱という事件が起こる。前者の中から死者が出るに及んでいる。『小右記』によると、道長は、はじめ定頼を善とし、彼に同情していたので、天皇が定頼の従者に対して追捕《ついぶ》宣旨を下すのを、憤っていた（十二月一日、三日条）。しかし、子細を糺明するにつれて、定頼のなすところも尋常でなかったことが判明し、道長も同意して、追捕宣旨よりも一段罪の重い召名宣旨に改められるにいたった（同四日条）。ところが後日、実は敦明親王が定頼を撃たんとしていたのだとの噂も出てきて、これを聞いた道長は大いに怒り、悪言をまきちらしたという。そのことが天皇の耳にも入ったが、天皇は親王を糺問するなどということもなく、事件は定頼側の非とされたままで終わった（同八日条）。敦明親王と道長の軋轢《あつれき》は、この頃より始まっていたのである。

また、三条天皇も、この頃より脚病と眼疾がはげしくなってくる。このような場合、どうすればよいか、天皇は案じたが、道長に問うのも憚られ、中宮大夫の道綱に問うたりしている。三条天皇は眼疾に悩むにつれて、道長との間がしだいにうまくいかなくなっていったのだろう（『小右記』十二月四日・六日）。

さて、二十六日、天台座主《ざす》に大僧正慶円が決定した。道長は、はじめ明救・院源・覚慶らをとおもっていたが、結果は慶円となり、おもいどおりにいかなかった道長の不快な様子が『小右記』にありありとみえる（十月五日・十一月六日・十二月十七日・二十一日・二十六日）。

三条天皇の眼疾・道長との不和

長和三年（一〇一四）は、『御堂関白記』がなく、『小右記』を主として論を進めてきたが、同四年に入ると、『御堂関白記』がまた現存し、多くの道長の行動がわかってくる。

正月九日には雲林院および法性寺に詣でているが、二十三日、二十五日には咳病に悩んでおり、二十五日の県召除目《あがためしじもく》にも不参。二月十六日に延引したものの、やはり咳病のため参加できなかった。同十九日・二十三日には、天皇が紅雪（薬の名）を服している。この頃、天皇も、また道長も健康のすぐれぬ日がつづいた。だが、二月末には道長は健康をとりもどしたらしく、二十六・七日には宇治へ行っている。まず、二十二日には女方倫子も宇治へ行っており、二十七日には「従㆓昨日㆒在㆓宇治家㆒」とあって、道長夫妻は宇治の別業で過ごしている。そして、宇治にて春日行幸の頓宮のことを定めている。

天皇は眼病がすぐれず、道長に相談をされている。道長はこれということもとくにいわず、仰せにしたがいましょうとのみ答えている。

四月四日、中宮妍子の御乳母典侍中務《なかつかさ》が誘拐されたと中宮から道長へ訴えがあった。道長は、これを聞いて怒り、検非違使官人らに捜索を命じ、犯人・藤原惟貞《これさだ》をとらえている。そして道長は惟貞を懲戒し（『小右記』四月五日）、処分をおこなっている。しかし、『小右記』では、道長のこのときのやり方は軽率であったと非難している。この頃、このようないまわしい事件が多く、同五日には、河内の玉串荘と辛嶋牧《からしまのまき》との紛争についても、道長はいろいろと指揮している。

この頃より天皇の眼疾は進み、実資は『小右記』四月十三日の条に次のように書いている。隆家の言葉によると、天皇が仰せられるには、

今日心神宜、目尚不快、左大臣今日参入、気色不㆑宜、是見㆓吾心地頗宜㆒、ムつかる也、

とある。すなわち、道長は天皇の御病気のよろしいのをみて、「ムつかる」という。そして、実資は、

今如二仰旨一、大不忠人也、（今仰せの旨のごとくんば、大不忠の人なり）

といっている。

四月十三日には、教通の住居が焼失する。そこは、道長の家、すなわち道長の領地でもあり、三条坊門の南辺であったという。このとき、実頼の日記『清慎公記』中の「季御読経巻」や「年中行事抄」などが焼失してしまったという。教通は公任の娘婿で、実頼の日記が公任の娘を経て、このとき教通のもとにあったということがわかり、公任が、「不二取出一、太口惜々々」「只故殿御記歎息々々」と嘆いたことが、『小右記』にしるされている。

隆家は、四月二十一日、大宰権帥として現地に赴任する。赴任の日に正二位に叙せられる。この叙位は道長の奏請に依るところのものであり、御前で定められたものであるという。中宮妍子のもとで餞《はなむけ》の宴があり、道長と中宮妍子が隆家の出発に際してあたたかい心づかいをしている。伊周亡きのちも道長は隆家にいろいろと気をつかっていたとみえる。

五月に入ると、天皇の眼疾はますますひどくなり、『小右記』の五月四日条には、

主上御目冷泉院御邪気所レ為云々、

などとある。三条天皇の眼疾について、実資の脳裏には、やはり冷泉天皇の皇子ということが深く意識されていたのであろう。

五月十七日条には、「資平のいうところによれば、内裏の造営を早く進め、還宮したい、

と天皇が道長にいわれているのに、道長は答えもせず退出した」とあり、これを信ずれば、天皇と道長の間の不穏な状態をみることができる。同じく十九日にも、天皇は道長に丈六五大尊の造営を眼疾回復のために仰せられたが、御修法とともに道長は一切不承とのこと、実資は「深似㆑有㆑所㆑思、不㆑善事也」と書いている。また、権僧正明救《めいきゅう》が御眼疾平癒の秘法を修せんとしたところ、やはり道長は不快な様子をしたと、『小右記』六月十三日の条にあり、実資は「此事極奇也恠也」といっている。このことは『御堂関白記』六月十四日の条にもあって、道長は、明救が天皇御眼疾のための御修法を修さなかったのは自分の不興のせいであったと、わざわざ右衛門典侍《うえもんのてんじ》をもって奏せしめたという。道長自身、「聞㆓是事㆒、経㆓日来㆒由被㆑仰、令㆑奏㆓事由㆒」とあって、事の真相を奏せしめたのであろう。内裏造営については、道長も気にかけていたらしく、「行向見㆑之」(「行ってこれを見る」の意)と書いており、清涼殿はかならず間に合わせ、遷宮できるようにすると、資平に奏上させている。だが、同日の条の最後のところに、「資平還来仰云、遷宮可㆑延也云々」とあり、道長もまた、頭中将資平の意見を気にしていたことがわかる。

この頃より、天皇の御悩および疫癘《えきれい》流行によって非常赦が行われている(『日本紀略』同四年五月二十六日)。二十五日の『小右記』には、道長が「不承従㆑之」、すなわち、不承でありながらも天皇の命に従ったとあり、二十六日の『御堂関白記』には、今日は重日《じゅうじつ》

（陰陽道で不吉の日とする）である、然るに上卿《しょうけい》を召すというのは、いかがであろうか、などと書いており、「只可レ随レ仰」と道長自身いっている。少なくとも道長は積極的ではなかったのであろう。

この頃、道長も病み、『御堂関白記』にも、六月二日より十四日までの間に、「風病発動」などの記事がしばしばみえる。『小右記』にも、実資・公任らと同車して相扶けられながら参内していることがみえる。

しかし、天皇が待っている内裏造営は、あまりはかどらぬ様子が、『小右記』の六月の条に詳しい。道長と天皇の間は、この頃、どうも面白くない状態に入っており、実資は『小右記』十二日の条に、造営は簡単に成りがたいと道長が奏したのに対し、天皇は「一切無二天応一」、すなわち返事をされなかったと書く。天皇は枇杷第にいることに不快を感じ、一日も早く新造内裏へ移御したかった、とある。十三日の条では、道長と実資の清談がやや長く描かれ、道長も私邸である枇杷第に久しく天皇を留め奉るのは恐れ有ることだと実資にいっており、材木の使用などをもっと速やかにすることなどを話し合っている。

天皇御悩と疫癘のために、この年の相撲節会は止められ（閏六月五日）、閏六月半ばには、道長が足を損傷している。「前後不覚」（閏六月十九日）とあり、八月になっても「足尚依レ不レ宜、蛭蝕〔喰カ〕」と『御堂関白記』（十二日）にみえている。

このようにして道長も健康がすぐれず、天皇の御悩は進むばかり。また、この年は疫癘も流行するなど、よくないことが重なるばかりであった。八月ともなれば、天皇の眼病はますますひどくなり、「遠近物已不覚〔覧〕」（『小右記』二十二日）という状態だった。これより先天皇は、道長に、眼病の間、官奏を覧《み》るべき由を仰せられ、道長は実資に安和年間の冷泉院御悩の時の先例をたずね、実資はその例を『清慎公記』から抄出して書き出し、天皇に奉ったりしている（四月二十九日）。しかし八月二日にいたって、天皇が再び道長に官奏の件を仰せられたが、道長は「更不二承従一」と『小右記』にみえる。

この間、天皇の眼病平癒祈願のため、伊勢・石清水《いわしみず》・賀茂などの神社に奉幣使《ほうへいし》を奉っている。六月から八月までの間に『小右記』を主として、天皇の病気平癒のための奉幣のことがみられるが、その間、その使が病と称して出立せぬことなどもあり、また、疫癘による死者が出て触穢《しょくえ》となるなど、延期されることが多かった。これも、道長の病気などが大きな原因となっているのであろうが、三条天皇は、こうして道長との間に、ますます溝を生ずることとなったのである。道長に官奏を行うようにという天皇の御配慮も、もう、ことここに至っては、止むをえずそうせざるをえないという事態から出たことであったろう（『小右記』八月一日）。また、八月四日には、天皇が実資にいわれるに、道長が譲位をしきりに勧めるのだという。同十日には、道長が資平をして実資に密事を示したという。その要点は、天皇の眼があまりによくないため公事が進まない、還宮のことは、どのようにするかなどということで、実資は「不レ能二詳記一」と『小右記』に書いている。

このように道長が天皇に譲位を勧めている様子が『小右記』にはっきりとみられ、天皇は新造内裏に還宮してからという希望が強かった。十九日にも、資平が実資に密談でいうことには、

主上被レ仰云、近日相府頻催二譲位事一、

とある。とにかく、この頃の天皇と道長の間柄は、かなり険悪なものであったことは事実であろう。

九月二十日、天皇は新造内裏に還宮。里内裏であり道長の邸であった枇杷第から遷御された。道長の家子・家司らが叙位を賜っている。枇杷第にいた道長の二女中宮妍子は、天皇の内裏遷幸とともに十月三日に内裏へ入ろうとしたが、その日は暦の上で悪日とあるとし、十一月二十八日に延期するように決定した（『御堂関白記』九月二十六日）。ところが、『小右記』十一月十五日の条で資平のいうところによれば、すなわち、道長がひそかに資平に語ったところによると、御譲位は来年二月と天皇が仰せられている。そこで中宮が十一月に内裏に入ることを道長が停めようとしているのだと、資平は実資に語っている。資平、実資の会話をどこまで信ずるかも問題だが、このとき、すでに天皇は譲位を決心して

いたようである。『栄花物語』（巻十二、たまのむらぎく）には、

中宮・ちご宮《禎子内親王》入らせ給へ〳〵とあれど、とみに入らせ給はぬ程に皇后宮入らせ給ふ、

とあって、『小右記』十一月十五日の条にも「但皇后宮《娍子》可㆓御坐㆒由令㆑申了」とあることと一致し、前者の叙述の正確さをうかがわせる。

十月二日の『小右記』には、資平が実資に報告した言葉として、天皇が次のようにいわれたとある。すなわち、天皇が密々に資平にいわれるには、道長がしきりに譲位を勧め、次の東宮について、今の宮たち、すなわち、三条天皇の皇子たちには、敦明親王をはじめとして、その器に堪える然るべき人物はいない、一条天皇の皇子、すなわち、敦良親王（道長の外孫）が東宮たるに充分な資質がある、だから敦良親王を東宮にすべきである、と道長が我が前（三条天皇の面前）でいったという。その結果、天皇は道長の態度に怒り、譲位はすべて思い留まるといわれた、とある。

その頃、道長は宇治に遊ばんとしている。『小右記』九月二十七日条には、道長から、来月中旬宇治へ行くが、その折に小野宮第（実資の邸）を通って実資を同伴したいといってきた、とある。しかし、十月五日、実資はこれを「遠処の逍遥は、老の身にとって堪うべからず」との理由でことわっており、「代りに、桂のあたりでお会いしましょう」と答えている。この日、道長が実資を誘ったのは、複雑な次の東宮問題についての相談もあっ

たからだろう。

一方、十月二十五日には、皇太后彰子が道長の五十の賀の法会を修している。上東門第の西の対に道長は室倫子を伴って参上し、法会の行われたのち、公任と和歌をとり交わしており、『御堂関白記』に書きしるしている。

あひおひのまつをいとゝもいのるかなちとせのかげにかくるべければ

との公任の和歌に対して、

我

おいぬともしるひとなくばいたづらにたにのまつとぞとしをつまゝし

さて、天皇は道長を摂政に准ずる。すなわち、『御堂関白記』十月二十七日の条に、

以㆓左大臣㆒准㆓摂政㆒、令㆑行㆓除目・官奏事等㆒者、宣旨書了云々、

とあって、天皇は道長を准摂政とし、除目・官奏を行わしめようとする。また、『小右記』十月二十六日には、天皇は「譲位を直ちに行うというのではない。であるから、政務を道長にゆだねるのである」といわれたとあり、また、「明日、道長を准摂政となし、除目・官奏を行い、並びに一上の事（一の上卿の意、すべての事務をまかされること）を行わしめる」と天皇の仰せがあったとある。

そして、二十七日、道長の直廬において京官除目が行われた。これより以前、『小右記』

によれば十月十一日、道長は長男頼通を大将に、同じく能信を参議に任ぜられんことを天皇に請うている。実資は『小右記』に、

今見二世間形勢一、万事惣帰二於一家一、向後事弥千倍歟、

と書いている。二十七日の除目当日、それまでは実資を左大将に転ずるふうに思いこませておきながら、道長は頼通をこれに任じている。

実資は『小右記』に、長々とこの日の除目の実態を書きしるし、大納言の公任とともに道長のやり方を大きく批判し、憤慨している。すなわち、『小右記』に、

公任卿云、今日大臣示〔不カ〕レ被レ参、須下近招二大納言達一可上被レ議二除目一、而独身任レ意補任事太不便也、（二十八日）

と書いており、道長のすべてを強く、また徹底的に批判する。たしかに、この日の除目が道長の思うままであったことも事実であろう。

この頃より、ますます天皇の眼病は悪化。『小右記』に「主上被レ仰云、我昨談二譲位一事」（十一月六日）などとある。同十五日条に、道長が、譲位を翌年二月に控えた天皇のもとへ中宮妍子を行かせたがらず、内裏へは皇后宮娀子が入ったことなどが書かれていることは、前に述べた。天皇はここに至って、敦明親王を次の東宮に立てることを条件に、ついに譲位に同意せざるをえなかったのであろう。

ところが、時もあろうに、十一月十七日の夜、新造内裏が焼失してしまったのである。火元は皇后宮娍子の御湯殿付近であったと『栄花物語』にはある。道長は馳せ参る。宣陽門の南方あたりが焼け、道長は北の陣から入ったという。すると玄輝《げんき》門のところで、東宮敦成親王が輦車《れんしゃ》で出てくるのに会い、ほっと安心し、『御堂関白記』に「安二心神一」と書いている。そこでまず、敦成親王を縫殿寮に避難せしめ、三条天皇は、そしてまたその皇子の敦明・敦平親王らは、と気づかうと、天皇の周辺に人が少ないようである。道長は直ちに随身らに命じて手輿《たごし》を用意させた。南方に火勢が強いため、天皇は一時、桂芳坊《けいほうぼう》に避難。その後に人々が多く参入。なお、火は燃えひろがるような状勢で、天皇は太政官庁に移られた。皇后娍子は敦明親王と同車して、まず皇后宮大夫の懐平《かねひら》の家へ移り（『小右記』）、夜中には亮の為任宅へ移った。そして、三条天皇の一族、敦明・敦儀・敦平親王らは母后娍子を訪い、敦明は娍子と太政官へ遷御する。二日後の十九日には、天皇は道長の枇杷第に移られた。『栄花物語』（巻十二、たまのむらぎく）には、

　みかどは枇杷殿に渡らせ給ひぬ。さても中宮の入らせ給はずなりにしを、返〳〵めでたき事に世の人も申思へり。中宮は京極殿におはします、

とあって、中宮が内裏にいなかったことをよかったこととしている。

三条天皇は、新造内裏に入り、時をおいての譲位を考えていたであろうに、その新造内

裏も完成後まもなく焼失という非運に見舞われては、ついに譲位を決断せざるをえなかった。御悩もつのるばかり、『御堂関白記』には、十二月八日の条に、

主上有㆓御悩㆒、候㆑内、日来御心地非㆑例、今日重御坐也、

とある。そのときの天皇の気持ちをよくあらわした和歌として、『栄花物語』には、

しはすの十よ日の月いみじうあかきに、うへの御つぼねにて、宮(妍子)の御まへに申させ給。

こころにもあらでうきよにながらへばこひしかるべきよはの月かな

とある。つづいて、『栄花物語』には「中宮の御返し」とあるのみで、和歌は書かれていない。中宮妍子からの返歌がなかったのであろうか。明らかでないが、天皇と中宮妍子との間にも、いうにいわれぬ溝が生じてしまったようである。

ちょうどその和歌の詠まれた頃、天皇はもう譲位のことの準備を進めておられた。『小右記』に「御譲位事有㆓急速之仰㆒」(十二月十五日)とか、「御譲位事可㆑在㆓正月㆒之由、去夕被㆑仰㆓左相府㆒了」(十六日)と、それぞれ右衛門督懐平および資平の言として書かれている。この段階においては道長も、敦明親王を東宮にすることに反対はしていなかったらしい。しかし、少なくともすすんで同意して、その儀を進めるというようなものではなかったらしく、実資は、「甚多㆓不便事等㆒」と書いている(『小右記』長和四年十二月二十四日)。

長和五年（一〇一六）正月二十九日、天皇はついに譲位。九歳の後一条天皇が践祚。道長は、あまり積極的ではなかったが、三条天皇と娍子の第一皇子、敦明親王が東宮に立った。親王はすでに二三歳、三条天皇が譲位にあたって道長にしみじみといいのこした言葉でもあり、さすがに道長もこれに異言をとなえることはできなかったのだろう。

さて、ここにまた一条天皇の第一皇子、敦康親王の問題がある。『栄花物語』（巻十二、たまのむらぎく）には、「『もしこの度もや』などおぼしけん事音なくてやませ給ひぬ」とあって、敦康親王は、今回も東宮候補でありながら、やはり後見がないという理由で（『大鏡』）機会を逸したのである。

8　後一条天皇時代

天皇の即位、三条法皇崩御

長和五年（一〇一六）正月二十九日、三条天皇の譲位の式は枇杷第で行われた（『小右記』）。同日、東宮敦成《あつひら》親王は土御門第で受禅。道長としては待望の、外孫である天皇の即位が、ここにはじめて実現するのである。九歳の幼帝であることから、道長は当然、摂政となり、これより幼き天皇を補佐しつつ、政をおこなってゆく。その道長の喜びはいかほどであったろうか。後一条天皇の即位の儀は、二月七日。同十三日、三条天皇は太上天皇となった。

それに先立つ二月三日、道長は牛車の宣旨を賜る。同七日、御即位の儀も終わり、三月十六日には結政《かたなし》があり、道長は陣において内文《うちぶみ》を覧《み》ており、摂政として官符を内覧している。

三月二十三日、三条上皇は枇杷第の北対より寝殿に遷御。道長は上皇に宿衣などを献上している。この日、院司の御装束のことなどを実資がおこなっている。

この頃、道長は新たに二条第を建立。四月にここで大饗《だいきょう》を行うため、三月二十三日には、移渡せんとおもったところ、方忌《かたいみ》のため停《や》めた。これは不吉なることを陰陽師安倍吉平《よしひら》が勘申《かんじん》した（『御堂関白記』三月二十一日）ことによるが、道長はこれがために吉平を勘当《かんどう》したと『小右記』（三月二十二日）にある。実資が、「御詞太猛《たけし》」と書いていることからもわかるように、新造の二条第で新任大饗を行うつもりでいた道長にとって、吉平の勘申はかなりの衝撃であったとおもわれる。その結果、大饗も延期になった。

先に院司の御装束定などをすませた三条上皇は後院、朱雀院を道長に返し献じている（『御堂関白記』四月七日条）。

後一条天皇は、六月二日、道長の上東門第より新造の一条院に遷御する。十日には道長は三宮《さんぐう》に准ぜられ、年官年爵を給い封戸《ふこ》が三千戸と増大する。女方倫子も同じく年官年爵に封三百戸を益すという結果にいたった。

だがこの頃、道長の身辺には不幸が重なった。七月二十一日は上東門第が焼失。さらに、二十六日には倫子の母穆子《ぼくし》が亡くなる。倫子との結婚には、穆子の力が大であったことは先に述べたとおりであるが、それだけに道長にとっては穆子の死は、ひとしお胸に沁みるものであったろう。「実雖二年高一、臨二此期一悲哉々々」、そして「生年八十六」と『御堂関白記』に書いている。

　焼失した上東門第（土御門第）は、早速八月十九日より造作を始めたが、また、上皇御所の枇杷第が焼亡し（九月二十四日）、三条上皇は道長の高倉第に遷御された。その後すぐに、後院の三条院に遷られたが、この三条院は村上天皇の皇女、資子《しし》内親王が最初持主であり、これを藤原定輔《さだすけ》が買い、さらに献上して、それを三条天皇の後院としていた。その邸は大へん風流な庭もあり（『栄花物語』巻十二、たまのむらぎく）、三条天皇は譲位後、上皇となってからは、ここでのんびりと過ごすつもりでおられたのであろう。それにしても枇杷第の焼失は三条上皇にとっては、大へんな衝撃であっただろう。そこで、十月十二日には早速、三条院の改修が始まり、二十日には修造成った三条院への遷御となった。しかし、その間、三条上皇の気持ちは、晴れぬ日がつづいた。せっかくの新造三条院に、中宮妍子は移御せず、高倉第にとどまり、十二月二十日になって、やっと三条院に遷御している。『栄花物語』（巻十二）に、

三条院もいまはいできぬれば、うるはしき儀式にもなくて、夜を昼に急ぎ渡らせ給ぬ、

とあるが、一人移られた上皇にとっては、憂鬱な日々であったろう。

この頃、道長もたびたび上表文を出している。第一回目は、七月五日（『日本紀略』）、さらに十月二日（『日本紀略』、『御堂関白記』）、第三回目は十二月七日で、この日、左大臣を辞すことを許された。十二月二十一日には、勧学院の衆が道長の摂政の慶びに参っている。左大臣を辞して摂政のみとなったことは、父兼家の場合と同じように独立した摂政の意義が大きく、この時期の勧学院衆の慶賀にも、その意味がこめられているようにおもわれる。ここにおいて道長は、より大きな権力を手中にしたといえるだろう。

翌寛仁元年（一〇一七）三月四日、長男頼通は内大臣に任ぜられた。右大臣顕光は左大臣に、内大臣公季は右大臣に、そして、頼通は権大納言からの昇進である。さらに、同じく十六日には頼通を摂政とし、道長は摂政を辞す。そして道長はこの年十二月四日従一位に叙せられた。三月二十二日、摂政内大臣頼通は左近衛大将を辞し、随身兵仗を賜った。代わって左近衛大将には教通がなり（四月三日）、道長邸において教通のための新任の饗《きょう》が行われた。

この年、寛仁元年の賀茂祭の前日、四月十六日には、道長は摂政頼通とともに賀茂社に詣でている。

四月二十九日には三条上皇は出家。この日の場面は『小右記』にはない。『御堂関白記』

によれば、三条上皇の御悩が重いとの報告を受けて、道長は上皇のもとにかけつける。そして、

前々仰二侍御出家事一如何、被レ仰、我もさぞ思、早可レ剃者也者、

と奏上、院源が受戒したとある。

それからまもない五月九日、三条法皇は崩御。六月二十四日には、三条上皇の御遺領を道長が処分にあたっている。まず、道長は三条上皇の遺言として三条院を禎子《ていし》内親王に贈る。冷泉院《れいぜい》も禎子内親王にと三条上皇は遺言しておられたが、これは帝王の御領であるから、いまさら私の領にするのはよくないと道長はいい、公のものとしてそのままのこすこととしている（『大鏡』）。

こうして後一条天皇の即位および後一条天皇の成長とともに道長の位置はますます確固たるものとなってゆくのである。そして、十二月四日には道長は太政大臣に任ぜられている。それに先立って十一月二十七日、摂政の頼通は道長邸に宣旨を伝え、その内容は、道長を太政大臣に、というものであった。そこにはさらに、明年天皇が元服される、そのためにぜひ、道長は太政大臣になる必要がある、との皇太后彰子からの消息もあった。道長は、直ちに、いまはもう官職を辞している身、そのようなことは思いもしない、しかし、御元服の事に依るとの仰せならば、その定にしたがう、と答えている（『御堂関白記』寛仁

元年十一月二十七日）。道長はよほど嬉しかったのであろう。つづいて、摂政が、わざわざ我が家まで来て宣旨を伝えたことに対して「未㆓昔有㆒事也」（いまだ昔、あらざる事なり）と書く。さらに、「件事多於㆓大内㆒承㆑仰、来㆓向里第㆒自仰、甚以希有也」（件のこと多く大内において仰せを承わる。里第に来たり向かい、自ら仰す。甚だ以て希有なり）とあり、「世間事雖㆑退、天道所㆑授非㆑可㆑辞」、すなわち、他のことは全部もう隠退しているが、天皇の仰せのみは辞すべきではない、といっている。言葉の端々におおうことのできない喜びが表われているようにみえる。十二月四日には道長の二条第で任大饗が行われた。なお、これより先十一月二十九日には、道長は実資と対面。頼通は我が子であるが、何もしないでよいか、あるいは引出物の馬でも与えるべきだろうかなどと考えて、実資に相談している。そして、自分と頼通の座席についても実資の意見をきき、それによって頼通の座を移さしめている（『小右記』）。また、道長が御殿の階《きざはし》を昇るとき、頼通は屈居し、そののち頼通が昇り、道長は奥座に着したという。父子の儀礼を重んじたことがうかがえる（『左経記』）。

敦明親王東宮を退位

さて、寛仁元年（一〇一七）八月九日、東宮敦明《あつあきら》親王は皇太子の地位を辞すということになった。もともと敦明親王の立太子は、道長が望んだことではなかった。しかし、三条天皇の退位の際の条件のようなものであったのだから道長としても致し方なかったのであろう。道長の意中は、もちろん、後一条天皇の弟君、敦良親王にあったことはいうまでもない。道長が敦明親王を積極的に東宮の地位から降ろしたというのではもちろんないが、東宮としては道長の気持ちを察して、その地位に居づらくなったことはたしかであろう。八月四日には、能信《よしのぶ》（道長の明子腹の子）が道長のところへ相談にくる。「敦明親王が東宮を辞したいといわれている」といい、「誰を以て聞かせましょうか、あるいは私が参るべきでしょうか」と問う。そこで道長は、「召しがあれば早く参れ。敦明親王からお召しがあるならば、また、自分も参る」と能信にいう（『御堂関白記』八月四日）。翌五日には、能信が敦明親王のもとに参り、還り来たりて、「彼事一定了」と道長に告げ、今明日の間に早く道長に参ってほしいと東宮がいっておられるという。翌六日には、道長と敦明の対談の場面となる。まず敦明は道長の早速の来訪を慶び申すといわれ、道長は、敦明に「よく思い定めて仰せられるべきである」また、「母后の娍子、そして妻延子《えんし》の父、左大臣顕光は、どのようにいっておられますか」と問う。そこで敦明の答えは、「母后は不快な様子、左大臣顕光は思うままにせよとのこと。自分としては、しばらく思い定めて申したことである。早く東宮の地位を停め、然るべく定めてほしい」とのことであった。そこで道長は、「摂政頼通を召し定め申します」と答え、翌日早速、頼通と具体案を定めたうえで、参上し、「年官年爵は元のまま、この他、もし思召《おぼしめし》があれば、仰せに随います」と親王にいう。親王は受領と随身を要求され、道長は、その要求も受け入れてその場を退出する。

　其気色甚能、仍聞可レ給々〔ママ〕由了、

と『御堂関白記』にある。そして道長は皇太后宮彰子に申し上げたところ、彰子は「其気色非レ可レ云」であったとあり、彰子の複雑な気持ちがうかがえる。八月九日には、こうして敦良親王が東宮と決まった。

また、『小右記』には、八月七日の条に、道長から実資が聞いたところによると、敦明親王は、「自分を輔佐する人もなく、東宮傅《ふ》の顕光と春宮大夫の斉信は仲がよくなく、また、母后娍子は有って亡きがごとき存在である。三条院崩御後は、自分はもう致し方ない」といわれ、かような事情で東宮を辞したいと道長に話されたとある。

とにかく、この結果、道長は外孫が後一条天皇で、その弟君敦良《あつなが》親王が皇太子という、きわめてめぐまれた環境に置かれ、外戚としての地位もこの上もないものとなった。

さて、この退位事件では、あくまで敦明親王が自発的に考えて行動したということになるが、事の真相はいかがであろうか。

敦明親王は、自分で皇太子になりたくてなったのではない。三条天皇の退位の際の強い意向によるものである。後一条天皇が即位し、自分が東宮にはなったものの、道長の孫である天皇に、すぐ弟皇子である敦良親王がつづいており、はたしてこのまま天皇になれるかどうか、また、どうにかしてなることができたとしても、その地位ははなはだ不安定なものであろう。これらの事情から察すると、敦明親王としては、早く気楽な地位についてのんびりとするのが一番よいと考えるのが当然であったともいえよう。必ずしも、道長が強引にせまって東宮の地位から敦明親王を降ろすようにもっていったというふうには考えられないのではなかろうか。少なくとも『御堂関白記』の先述の場面からは、そのようにはいい切れない。また、『小右記』も、この場面では、道長が敦明を東宮から降ろしたというふうには読みとれない。『栄花物語』は、『御堂関白記』と同じようなことを書いている。

しかし、道長は結果的に、これで敦良親王を皇太子にすることができることになり、喜んだことはたしかである。それにまた、道長のこの敦明親王に対しての態度は、つぶさに経過をたどってみると、やはり弁護できかねる部分もかなり多い。

東宮退位後の八月二十三日の『小右記』に、新東宮敦良に御剣を奉るにあたって、

左大将教通卿云う。今日内より御剣を青宮(敦良)に遣し奉る。壺切と号す。すべからく前太子に奉らるべし。而るに前摂政 悋《やぶさかに》 して奉らず。是れ東宮の御護か、延喜御記に見ゆ。

とあり、『左経記』にも同様なことが書かれている。すなわち、東宮の御守護としての壺切の御剣を、道長は先の東宮敦明に奉っていなかったのである。また、『大鏡』の青侍の言葉は道長に対して辛辣であり、三条天皇は敦明を東宮にするにあたり、道長が御剣を奉らぬならそのままでもよいとの決心で、敦明を皇太子にしたという(『大鏡』流布本)。同じく、『大鏡』には、「三条院崩御後は皆道長を憚って伺候する人もなく、東宮御所の庭の草も茂り、全く東宮御所のあたりは、淋しいかぎりであった」とある。この『大鏡』の青侍が語る部分こそ真相であったろう。

また、『栄花物語』(巻十三、ゆふしで)には、親王が自分で母に会って位を下りることを望んでいるというと、母娍子は物怪《もののけ》のしわざと恐れ、戒《いまし》めたが親王はきかない、そこで娍子は道長に相談したところ、道長が、「それはとんでもないこと、それでは三条院のあとが絶えてしまう」といってとりあおうとしないので、埒が明かず、やがて道長と敦明の

対面に及んだとある。対面の結果、敦明の意志はつよく、許されぬのなら出家するとまでいわれ、ついに道長も仕方なく、「世にめでたき事は、太上天皇にこそおはしますめれ」といってしぶしぶ同意したという。結局、後述のように親王は准太上天皇となり、小一条院の称号をうけることになる。

このように道長は、『栄花物語』によれば、表面は穏やかに、むしろ親王に退位してもらっては困るようにいった。しかし実際は、公卿陣は道長の一族およびそのとりまきの人々で占められ、人々はまた、あまり敦明親王のもとに近寄らぬという有様であったから、親王としても退かざるをえなかったのは当然であったろう。前述のように、三条天皇は譲位の際、敦明親王を一代おいて天皇にすることができればと考え、かなり強くその意図(敦明東宮)を主張した。それに対し道長は、一日も早く我が外孫・敦良親王を、皇太子から天皇にしたいため、敦明を立てることを最初からこばんでいたのである。

そしてこの機会にあたり、道長は間接的に側面から敦明親王が退位せねばならぬようにもっていったのであろう。道長が御剣を奉らなかったこと、同じく『大鏡』のいうように人々が敦明のもとに近寄らなかったこと、三条院崩御後の敦明親王の所在なさなど、『大鏡』は、『御堂関白記』『左経記』などにみられぬこの事件の真相の一面を『小右記』とともに、よくとらえている。前述のように、敦明が能信に退位したい旨の意志を伝えたのが八月四日、道長は早速、六日に面談、親王の意志をよく聞いたのち、親王の希望をうけ入れ、頼通と相談して親王のための年官年爵などを決めた。そして九日には新皇太子敦良の立太子の儀をおこなっている。こんなに短い日数の間に事を成し遂げたのも、敦良親王を東宮にしたい一心からであったともいえよう。

こうして、いままでは冷泉・円融の二つの系統が代わるがわる天皇になっていたのであるが、このとき敦明親王が小一条院となってから、冷泉院の系統は絶えてしまうのである。そこで、敦明親王の退位事件は、いかにも道長の圧迫のようにみられるのだが、たしかにそれも一面では事実とみることもできるだろう。しかし、また、『小右記』で実資もほのめかしているように、冷泉系の血を引く敦明親王の心身面の弱さにも一因があったことは、否定しえないようにおもわれる。

さて、東宮を降りた敦明親王は、気楽な生活に入るのである。八月二十五日、小一条院の称号をうけ、准太上天皇となった。

十一月二十二日には、道長の明子腹の娘寛子《かんし》と小一条院の婚儀が行われる。二十四日には三日夜餅が行われ、餅は明子腹の長男頼宗が供え、道長は酒を献じている（『御堂関白記』）。その所顕《ところあらわし》の様子も『栄花物語』（巻十三、ゆふしで）に詳しい。道長一家を挙げての歓迎ぶりに、小一条院はおもはゆいような気分であると母后娍子にうち明けている。

一方、これより先、顕光の娘延子が敦明親王の室となっており、寛子に小一条院の心がすっかり移ってしまったこの段階にいたっては、延子はどうにもする術《すべ》がなかった。寛子との結婚式が終わると、小一条院は、延子の邸である堀河第から完全に離れてしまったのである。

顕光は、延子の姉元子が、先に一条天皇の女御となっており、それは定子出家後まもないときであったため、一時は幸福な将来が期待されるかともおもわれたが、道長の娘彰子が入内以後、その望みは儚《はかな》く消え失せている。元子は源頼定との密通の噂がひろがり、顕光の怒りは格別であった。こうして顕光は元子にも期待できず、延子のみに期待をかけていたが、その望みも消え失せたとなると、彼の嘆きもひときわだったろうと察せられる。

こうして寛仁二年正月、高松殿寛子の邸の華やかさに対して、延子一家のあわれはいうまでもなく、延子は、

すぎにけるとし月なにをおもひけんいましもものゝなげかしきかな

と、その歌にあるように、はかなく過ごし(『栄花物語』巻十三、ゆふしで)、翌寛仁三年(一〇一九)四月十日に亡くなっている(『小右記』、『栄花物語』巻十六、もとのしづく)。

威子立后と望月の歌

さて、道長のほうは、いよいよ最高の権力に達する。三番目の娘威子は、寛仁二年（一〇一八）三月七日入内《じゅだい》。三月一日には後一条天皇から尚侍威子の私邸へ御書の使が来る。これは勅使である。だが、この日は威子は返事を奉らず、勅使は道長一家の人々に歓待され、禄を与えられて帰る。五日には二度目の勅使が来て、こんどは威子は静かに御書を受け取り、御返事を献ずる。一方、道長は入内の無事を祈禱せんがため、忠平の建立の法《ほっ》性寺《しょうじ》へ詣《まい》り、御燈を供している（『御堂関白記』三月四日条）。七日は入内の当日。この日、道長をはじめ、公卿たちも参内し、母倫子も参っている。威子は輦車《てぐるま》の宣旨を給わり、その夜、太皇太后彰子のところへ参り、暁方内裏より帰還する。彰子は、後一条天皇の母后（この年一月七日に太皇太后となっている）。その喜びはひとしおであったろう。八日、後朝《きぬぎぬ》の御使を賜る。そして九日まで三日間、威子は連夜参上する。この間、教通、頼宗、能信らは連夜、送り迎えをつとめる。

七日の入内当日に話をもどすと、道長をはじめ上達部らが着座したところへ、天皇より速やかに参上するよう御書がとどく（『左経記』）。後一条天皇はまだ一一歳。すべて母后彰子のさしずのもとに行われたのだろう。威子は二〇歳、後一条天皇にとっては叔母にあたる。しかし、小柄で可愛らしい威子は、幼少ながらしっかりとして大人びた天皇とは、お似合いであったという（『栄花物語』巻十四、あさみどり）。天皇は威子の調度類を御櫛の箱をはじめ、しみじみと御覧になられ、威子は恥ずかしいとおもうほどであったという。

また、入内当夜の天皇と威子の二人の状態、すなわち、夜の大殿《おとど》に入るときの有様が、『栄花物語』に眼前で見ていたように書かれている（これは、おそらく『栄花物語』が、この儀式を見ていた女房の日記、『紫式部日記』のようなものを原史料としているからであろう）。それによれば、天皇が夜の大殿に上られると、威子は、たいそう恥ずかしくおもい、そのまま動かず坐ったままでいられたから、乳母の近江の三位が、御帳のもとにお入りになるよう二人に勧め、天皇が威子の御袖を引き、御帳の中に入る。すると、まもなく威子の母倫子が、結婚の儀式の一つ、衾覆《ふすまおおい》の役をつとめる。そして、『栄花物語』は、

殿の上おはしまして、御衾参らせ給程、げにめでたき御あへものにてことわりに見えさせ給。入らせ給てのちの事は知り難し、

と結んでいる。

こうして道長は幸運の頂点へと進むのであるが、三条天皇の晩年（長和四年〔一〇一五〕十一月）に焼失した内裏は、ここに至って完成し、後一条天皇は、めでたく御母、太皇太

后彰子とともに一条院より新造内裏に遷御された（寛仁二年四月二十八日）。まず清涼殿へ太皇太后とともに入り、昼御座《ひのおまし》でくつろいでおられる。まもなく、東宮敦良親王も、尚侍威子とともに入御。道長も御車につきしたがい入る。その様子は、『御堂関白記』に詳しい叙述がある。道長のしるすところによれば、

行幸以前、以二尚侍一可レ為二女御一宣旨、右大臣（公季）承レ之、氏人々奏レ慶由如レ常、

とあり、『左経記』（四月二十八日条）にも、「今朝被レ下二女御宣旨一」とあるように、この日、威子は女御となったのである。

さて、道長はこの頃、去る長和五年七月二十日に焼亡した土御門第を新造（寛仁二年六月二十日に落成）。『御堂関白記』には、この年二月頃より「行二土御門一」との記述が大へん多くなっている。しかし、六月二十七日の『小右記』に「今夜大殿移二給上東門第一」とみえる移転当日の状況については、何も記述していない。『小右記』は、伊与守の頼光が、屏風その他の調度品を献上していることを詳しく述べたのち、「希有之希有事也」「未レ聞二如レ此事一」などとしるしている。新造の邸はあまりにも豪華で、「連日京中人到二彼第一見二風流一」（『小右記』六月二十日）というような状況であった。二十六日には実資も新造の邸に行き、道長が寝殿のしつらい、および庭の立石・引水などのことを指揮するさまを見て、資平の話を加えつつ「昇降もたやすく、軽々として嬉しそうである」と書く。さらに、そ

の道長を実資は主人と称し、「卿相が心から追従しており、家子たちが大石を曳き、五百人の夫《ふ》が働き、田の用水を邸内に引き入れている」などと記述している。

さて、この年、道長は太政大臣を辞している（寛仁二年二月九日）。二月三日にまず上表、五日にふたたび上表。九日に三度目の上表を提出し、ゆるされている。『御堂関白記』に、三度目の上表は必ず聴許あるべきと、切に願っている様子がみられる。

十月十六日、威子は立后。太皇太后彰子はこれより先、早く立后をと道長にいう（七月二十八日）。十月五日、威子は上東門第、すなわち土御門第に退出、この際、内裏の女房が一九人送り来るという。『小右記』（十月七日条）に実資は「中二一家三后事一、未曾有」と書いている。さて、十六日。いよいよ立后の儀。天皇が内裏の南殿に出御。常の立后の儀と同様、宣命があり、天皇の還御ののち、道長は退出。これより里第たる土御門第で本宮の儀に入る。すなわち、土御門第では宣命を待ち、諸卿も参入、この日正式に中宮となった威子のお祝の儀である。『御堂関白記』には、「於レ此余読二和歌一、人々詠レ之」とあり、このとき道長が、

此世をば我が世とぞ思ふ望月のかけたることもなしとおもへば

という和歌を詠んだことが『小右記』によってわかるが、『御堂関白記』には、この和歌は書いてない。『小右記』によれば、このとき道長は上機嫌で酒に酔ったまま実資らに冗

談をいう。それも無理からぬこと、道長にとってこの日ほど嬉しいことは生涯になかったからであろう。威子は後一条天皇の叔母で彰子の妹、彰子は後一条の母后である。道長にとっては、まさに今日のよき日である。この日はまた宮司除目、すなわち、中宮職の職員を任命する除目があった。大夫には斉信、権大夫には能信がなり、それ以下の職員も同時に定められた。このときは希望者も多かったが、道長の威勢の前にはだれもが承服せざるをえないという状態であったのだろう。

さて、本宮の儀の宴たけなわになってきた頃、道長は実資にむかって我が子・摂政頼通に盃を勧めてやってくれという。実資は、いわれるままに盃をとり頼通に勧める。頼通は左大臣顕光に渡し、顕光は道長に献ずる。また、道長が顕光に渡し、「次第流巡」と『小右記』にある。そのとき、道長は実資を呼び、「欲レ読ニ和歌一、必可レ和」すなわち、返歌を詠んでほしいという。そこで実資は「必可レ和」と答える。『小右記』では、道長が、

又云、誇たる歌になむ有る、但非ニ宿構一、

といったとあり、「非宿構」すなわち、前もって予定していた歌ではない、とことわっている。『小右記』ではこのとき、「此世をば……」の歌を詠んだことになっている。

そこで実資は、「御歌は優美であります。直ちに返歌はできそうもありません。満座で只、この御歌を吟詠しましょう。元稹が菊の詩を作ったとき、白楽天が深く賞嘆し、和す

こと（返歌を直ちに送ること）ができなくなってしまいました。そのかわり、終日、元稹の詩を吟詠したという話があります。それと同じように、今回も数度、この和歌を吟詠しましょう」といい、諸卿も実資の言葉に応じ、この望月の歌をみなで吟詠したという（『小右記』）。

道長も、この実資の言葉にうちとけて、ことに返歌を責めることなく、夜ふけまで楽しき宴はつづいたという。

この頃（寛仁二年）が道長にとって生涯の最良の年であったのだろう。同じく十月二十二日には、土御門第へ、天皇の行幸並びに三后（彰子・妍子・威子）の行啓がある。『御堂関白記』に、この日の儀は詳しく書かれている。辰の刻、天皇の御輿は内裏の寝殿の南階に着き、内侍二人が御剣と璽《たま》の御筥を入れたのち、太皇太后の彰子が同輿され、土御門第へ向かう。これは天皇が幼帝であるため母后が同輿されたのである。そして土御門第へ入御。「大后（彰子）が御はすに依り」道長と頼通も近くに候する。入御ののち、道長・頼通は退出する。次に東宮も来られ、西対の御在所へ入る。行幸・行啓にともない、龍頭鷁首の船が池の上で楽を奏する。大后の仰せにより天皇は馬場殿に御し給う。東宮も馬場殿に参り給い、競馬の競技を御覧になる。『御堂関白記』には、この際、春宮亮の藤原公成を召し、「人々・余御迎参」とあり、道長は相扶けて東宮を着座せしめ、東宮とともに競馬を覧る。終わってもとの寝殿に還御。次いで東宮は母后の御方へ還御。これより作文の会がはじまる。擬文章生《ぎもんじょうしょう》たちは文人の座の前、並びに中洲（『小右記』による。『御堂関白記』では平橋・中嶋橋とある）を経て馬場殿の西廊座に着く。詩題が献ぜられ、文人たちの詩を天皇が御覧になられ、最後に道長の詩が読まれる。終わって擬文章生の詩が公開され、その中で省試をパスした詩は道長が封をし、道長の許に収められる。この間、東の泉殿に三后、すなわち彰子・妍子・威子の御対面があり、道長の感激はもう、申すに及ばず、「有二御対面一、見者感悦多端、姫宮（禎子内親王）同御、母々・女（嬉子）三位同参候、我心地不覚、（中略）難レ尽二言語一、未曾有事也」と『御堂関白記』に書いている。道長は天皇に御馬を献じ、彰子は、行成の書いた古今和歌集二帙を献上する。そして叙位の儀となる。頼宗・能信は正二位となる。御輿還御の時刻は亥の刻、道長は車の後に候する。『栄花物語』（巻十四、あさみどり）には、

かくてきさき三人おはします事を、よにめづらしき事にて、殿の御さいはひ、このよはことにみえさせ給、

とある。

このようにして道長は外戚としての地盤を完全にかためることができた。

敦康親王薨去、道長の病そして出家

この頃より道長の眼病はすすみ、安倍吉平《よしひら》が祓をおこなっている（『御堂関白記』十一月六日）。『小右記』によれば、寛仁二年（一〇一八）十月十七日の条に、道長は実資と清談のついでに、

近則汝顔不二殊見一、

というとある。近くへ来ても、もう実資の顔をよく見ることができないというのだ。そこで実資が、白昼と夜とではいかがですかと問うたのに対し、道長は、昼も夕暮も関係なく、ただ、もうとくに見えなくなってきていると答えている。しかし、そのようななかにも、道長の倫子腹の末娘、嬉子は尚侍になっており、教通の娘、生子は御匣殿《みくしげどの》別当となっている（『御堂関白記』十一月十五日）。

寛仁二年十二月十四日には、道長は土御門第において両親（兼家・時姫）のために仏事、法華八講をおこなっている。造仏・写経・講演を行い、金泥法華経二部を手自《てずから》、書写している。皇太后妍子の行啓を予定していたところ、当日、雨になったため、大夫の道綱は行啓を明日に延引しようとする。道長は大そう怒り、諸卿も困り、行啓は行われたが、道長

の機嫌は直らなかったという。十六日、五巻日、太皇太后彰子、皇太后妍子、中宮威子から御捧物を多く贈られ、山形・孔雀・象形など、金銀でないものはないとある。女方倫子・明子よりも捧物があり、これもみな銀が用いられていたという。道長をはじめ諸卿たちが堂の前に座したとき、内裏よりも御捧物があった。雪が降りはじめ、白雪舞う庭前に筵を敷き行道《ぎょうどう》をおこなった。船楽も儲《もう》けられていたが、それは敦康親王が重病のため停止となった。十八日の講師永昭の釈経は無比であり、「僧俗随喜」(『小右記』)し、道長も感激して、故兼家の剣を与えている。このような行為に対し、非難もあり、慶円は、永昭の説経は大へん結構であったが、剣を解き与えるは「頗以軽々」(『小右記』十九日)であるといったとある。

さて、十二月十七日、敦康親王が亡くなる。『御堂関白記』同二十五日の条には、

式部宮此夜奉レ渡二南院一、

すなわち、御遺体を南院に移し奉ったとあるのみである。『小右記』には詳しい記述があり、頼通が親しく親王に付添っていたという。これ以前に、故高階業遠《たかしななりとお》の宅を道長が買い、高倉第とよばれ、そこに敦康親王は住んでいた。敦康親王の妻は具平《ともひら》親王の娘であり、すなわち、頼通の妻、隆姫の妹である。その関係から頼通は親王と親しく、親王の娘、嫄子女王は頼通の養子となっている。頼通は親王と同家に住し、朝夕相親しむ仲であったとい

う（『小右記』十二月二十四日、『栄花物語』巻十二、たまのむらぎく）。二回の東宮候補（三条天皇、後一条天皇即位のとき）に後見がないとの理由ではずれ、生涯を不遇に過ごしたこの敦康親王は、華やかな摂関政治の全盛期に裏街道を生きた典型的な親王である。『栄花物語』（巻十四、あさみどり）には、

「あさましう心うかりける御宿世かな」と、よろづを数へつゝ、いみじく恥しげにのみ世の人申思へり、

とある。

こうして過ぎゆくうちに、道長の眼病もすすみ、以前から萌していた出家の志がますます深くなってゆく。十二月二十日には、道長は内裏にいるとき、俄に胸の痛みがきた。それも夜になっておさまったが、発熱した。薄衣を着て筵の上に臥し、このときは平復したというが、服部敏良氏によれば、道長の病は、肺結核であったらしい（『王朝貴族の病状診断』）。また、心臓病もあったのではないかともおもわれる。つづいて翌寛仁三年（一〇一九）正月十日にも、道長は胸痛とあり、『御堂関白記』に「前後不覚」とみえている。そして十五日にも、

件経書外題、依二目暗一極別様也、

とか、また、十七日には「胸病発動、辛苦終日」とあり、二月三日にも久しぶりに女方倫

子と参内したが、

亥時辰巳方有㆑火、従㆓其後㆒心神不覚、如㆓霍乱㆒、不㆑知㆓前後㆒、仍罷出、

など、など、健康を害している記述は多い。そして、二月六日の『御堂関白記』の記事は深刻である。

心神如㆑常、而目尚不㆑見、二三尺相去人顔不㆑見、只手取物許見㆑之、何況庭前事哉、

とあり、気分は割合によいが、目がやはり見えない、ただ、手に取る物だけは見ることができる、庭の前の風景などは全然見えないというのだ。そこで陰陽師や医家（医者）は、魚肉を用いることを勧める。

今不㆑奉㆑見㆓仏像・僧㆒、経巻近当㆑目奉㆑読、

という状態。もし「従㆑此暗成、為㆓之如何㆒」、すなわち、これより目が暗くなったならば、どうしようかと思い、そこで、今日より医者の勧めどおりに肉を食することにする。そして、

是只為㆓仏法㆒也、非㆑為㆑身、

つまり、魚肉を食することは、仏法のため、自分の身のためではないといい、

従㆓今日㆒肉食間、可㆑書㆓法華経一巻㆒、

と、真剣な心がけで法華経一巻を書写する決意を述べる。眼病のさなかにも仏経の道に関

心の深い道長の姿が浮かびあがってくる。この頃、摂政頼通家には仏経供養があり、道長は経の外題を書いたりしている。

このようななかにも、道長は枇杷第の造作を始め、また、上東門第に文殿《ふどの》（道長家の書庫）を造立したりしている。その文殿は馬場殿の西方にあったという（『御堂関白記』二月二日）。

だが、ついに道長は上東門第において三月二十一日出家する。『小右記』によれば、道長の病重く不覚になるほどであったといい、また、『御堂関白記』のこの日の記述はなく、少し前の三月十四日に、

依二所労一膝難レ堪、

とあるのみである。戒の師は院源。法名は行観と名づけられた。頼通、皇太后妍子、太皇太后彰子、中宮威子らも同車して上東門第に行啓。小一条院の敦明親王もこの日の夕べ参集したという。道長の病のため非常赦が行われ、六月十九日には法名を行覚と改めた。

摂関政治の本質と宮廷文化

さて、出家後の道長について次に述べるのであるが、その前に摂関政治の本質について

少しばかり検討を加えておこう。

以上のように政治家道長としての生涯をふりかえってみると、先ほども述べたように、道長の政治は、太政官政治であり、いわゆる政所《まんどころ》政治ではない。従来、道長の政治は、道長の政所ですべてが行われ、天皇はいわば相談役にもなっていない専制政治であったというような見方が、少なからず行われていた。だが、戦後（昭和二十年以後）、この当時の文書を詳しく調査してみると、その説が妥当でないことが明らかになった。もちろん、見方によっては、このように解釈されるのもやむをえないところがあろう。すなわち、道長の家司がその命を奉じて出す文書、いいかえれば下文《くだしぶみ》や御教書《みきょうしょ》の中に、道長が自分で勝手に事を処理しているようにおもわれるものがいくつかみられる。それは『平安遺文』（竹内理三氏編）を繙《ひもと》いて、その当時の文書を詳しくみることによってもわかることであるが、しかし、それは、道長のいわば私的な荘園の問題に関して出されたものであって、道長は、こと公に関しては、やはり公卿会議を行い、御前定、陣定によってすべてを処理している。朝廷に関する問題の処理は、すべて太政官で行われ、摂関家の政所では行われていない。摂関政治というものの本質を考える上でも、これは重要なところである。また、道長の人物を考える上でも、これは根本から考えねばならぬ重要な問題である。したがって摂関政治は、やはり律令政治の延長線上に存したものといわなければならない（拙著

『歴史物語成立序説』所収「藤原道長の生涯」参照)。

だが、それにしても、摂関政治というものは、政治の本質としては、やはりくずれゆく律令制度を何とか保ちつづけてゆくというようなところであって、わき出るような積極的な新しいものを生み出すというようなものではなかった。そして、やはり先例尊重の精神と貴族社会の風習を洗練された感覚によって運営してゆくことが、彼ら貴族たちにとって大事なことであったといえよう。だが彼らによって担われた新しい文化は、その後、日本の伝統文化となり、日本文化の基礎となっているのである。

摂関の貴族のなかでも、道長が、とくに文化に対する関心が深く、先述したように道長自身も蔵書家であること、また『御堂関白記』を書きつづけていたということによっても、彼の学問への情熱の深さを知ることができよう。こうした漢学の知識のほかに、また一方、仮名に関してもかなり深い造詣をもっていたこと等々が、彼の教養の深さを物語るものである。彼の和歌も『御堂関白集』(紀伊新宮藩主水野忠央の『丹鶴《たんかく》叢書』、および与謝野晶子・正宗敦夫編の『日本古典全集』にあり)に多くみえる(この和歌を分析することによって、道長と和歌という問題でまとめてみたいが、それらはまた、機会を新たにしたい)。また、彼自身、仮名の小説のようなものを書いていたことが、『赤染衛門集』の詞書《ことばがき》に、「殿の御前、物語作らせ給ひて」とあることによっても明らかである。そうであればこそ、紫式部をはじめとして多くの女流作家たちを、娘の中宮彰子のもとに集め、そこが一大文芸サロンとなっていたのである。中宮彰子に敦成親王が誕生した頃が、その文芸サロンの最もにぎわい栄えた時期であって、紫式部の『源氏物語』も、この頃（寛弘年間、寛弘五年以前に「若紫の巻」あたりまでは書かれていたと推定される）書かれたという。また、和泉式部も寛弘四年十月二日、夫である敦道親王（冷泉天皇の皇子。夫とはいえ、和泉式部は敦道親王の召人《めしうど》である）と死別して、ここ彰子のもとに寛弘六年頃に入ったという。『栄花物語』の作者といわれている赤染衛門は、はじめ道長の妻、源倫子に仕えていたが、道長の全盛期には、やはり彰子に仕えていた。こうして紫式部が『源氏物語』を、赤染衛門が『栄花物語』を書くその素地は、まさにこの文芸サロンにおいて道長の庇護のもとに、はぐくまれていったといえるのである。道長の娘、中宮彰子の家庭教師のような役目をする紫式部、その他の女流作家たちは、もともとその才能を認められて土御門第に宮仕えに入ったのであるが、ここで家庭教師のような役目をしながら、また、自身も大いに勉強をしていたのである。それが『源氏物語』の筆を進ましめる大きな原動力となっていったのである。『源氏物語』の光源氏の全盛期のモデルは、道長であり、六条院は土御門第である。もちろんいうまでもなく、光源氏は源高明を中心に源氏の貴公子、源融（嵯峨天皇の皇子）らも直接のモデルにしていると考えられるのではあるが、全盛期のその姿は、紫式部の土御門第の経験そのものの延長上にある道長像である。赤染衛門の歴史物語の『栄花物語』は、彼女がここに仕えている間に、『紫式部日記』をはじめ多くの史料を蒐集することができ、その原史料をもとに編纂書、物語風史書としての『栄花物語』が編纂されていったのである。また和泉式部は、ここに仕えているうち、道長の信頼深い家司の藤原保昌を知り、彼と結婚することができ、丹後国、天の橋立へと下ったのである。

こうして幾人かの女流作家が育った、その基盤は、道長の存在そのもののうちにあったとさえいえる。道長は、祖父師輔（右大臣で薨去）、父兼家と築いてきた、その摂関政治を、まったく洗練されたものに作りあげていったのである。摂関政治の本質は、決して彼らが天皇をないがしろにして専制的に事を運んでいったというものではない。天皇と身内になり、外戚関係を完結させ、しかも文化人的教養をもった道長の周辺には、娘中宮彰子を中心として宮仕人である女房たち、女流作家たちが、おのずと集まってきたのである。これも道長の人となりによるものであるといえよう。そして、そこには、仮名文化の華が咲きにおい、女流作家による宮廷文化のサロンが完成したのである。

9　道長の宗教生活

出家以前、法性寺・法興院と道長

さて、「この世をば……」の和歌を詠んだ年の翌寛仁三年（一〇一九）三月二十一日、道長は病にかかり、ついに出家をする。出家の直接の原因は病とはいえ、道長は若いときから宗教との関わりが深く、また知識もあり、摩訶止観を読み、法華経を書写するなど宗教が心のうちをしめているという状態であった。春秋の季御読経《きのみどきょう》、法華八講《ほっけはっこう》と法華三十講は、『御堂関白記』のなかにたびたびみえ、宗教が日常の生活になっていたといっても過言ではない。また『御堂関白記』によれば、土御門第の中にも御堂が存したことが明らかであり、宇治にもまた持仏堂があった。『源氏物語』の光源氏の生活と一面相通ずるところがある。光源氏は宇治の大井山荘を改築して明石上と姫君を住まわせ、大覚寺の近くに御堂を建立する。その嵯峨の御堂にたびたび訪れ、そのついでに明石母子のいる山荘をたずねる（松風の巻）。源氏物語のこのあたりの叙述には、政治家道長がその全盛時代に宇治をたびたび訪れた、その事実が採《と》り入れられているとみてよい。

また、先にも述べたように、寛弘二年（一〇〇五）十月十九日、宇治木幡《こわた》浄妙寺の三昧堂供養をおこない、

只座二此山一先考・先妣及奉レ始二昭宣公（藤原基経）一諸亡霊、為二無上菩提一、従二今後一来々一門人々為引二導極楽一也。

と『御堂関白記』にあるように、すでにこの時期（道長四〇歳）に、先祖をまつる心の厚いことが明確にあらわれている。

また、寛弘八年三月二十七日の供養では、「是只為二後生一也」とあり、大江匡衡の書く願文が現世のことが多過ぎたため、書き改めてもらうようたのみ、「此度只思生後レ」（原文のママ）と『御堂関白記』に書いている。かようにその宗教心もしだいに来世をおもう心がはっきりとしてくる。いいかえれば、しだいに浄土教的なものへと道長の心が惹かれてきていることがわかる。

だが、この当時の浄土信仰は、いかなるものであったか。現世安穏、来世も弥陀の安養

浄土に生まれることを夢みるものであったとは、すでに辻善之助氏が『日本仏教史』（第一巻）に説かれているところであるが、これは源信の『往生要集』の思想と相通じるものであって、『御堂関白記』によれば、源信の弟子とおもわれる院源僧都と親しい道長は、多くの仏事供養を院源に依頼している。また、道長と源信との交友も『御堂関白記』によって、その深さがしのばれる。

ついで、道長の宗教生活のなかから、まず、仏教年中行事をみてみよう。『栄花物語』（巻十五、うたがひ）によれば、

正月は御斎会《ごさいえ》の講師を内裏にとぶらう。

二月は山階寺《やましなでら》の涅槃会《ねはんえ》に参る。

三月は志賀の弥勒会《みろくえ》に参る。

四月は比叡の舎利会《しゃりえ》。

六月は六月会《みなづきえ》。すなわち、伝教大師の忌日に行う報恩会。

七月は奈良の文殊会《もんじゅえ》。

八月は山の念仏。すなわち、延暦寺の不断念仏会。これは慈覚大師が創始されたものという。

九月は東寺の灌頂《かんじょう》。加持の香水を法身の頂に注ぐ儀式。

十月は山階寺の維摩会《ゆいまえ》に参る。これは不比等の建立の寺であるから、代々の摂関がおこなっていたものだが、道長はとくに慎重におこなった。

十一月は山の霜月会《しもつきえ》。すなわち、唐の天台大師入滅の日を期して行う延暦寺の法華大会。これには内論義《うちろんぎ》も行われたという。

十二月は公私の御仏名、御読経に参列。

また、これらの行事のひまひまには、比叡山の日吉神社で行う法華八講。また、天王寺、高野山詣を行い、天王寺では聖徳太子を拝み、高野山では弘法大師入滅のさまをしみじみとしのんでいる。一方、六波羅蜜寺へも詣り、毎年五月に行われる雲林院の菩提講の迎《むかえ》講《こう》（念仏行者の臨終に阿弥陀仏が菩薩や聖衆を伴い、行者を来迎するさまを演じる式）を行う。これも源信の教えにしたがう。

その他、道長の寺および自邸の仏事は「まねびつくすべき方なし」というほどであったという。『栄花物語』（巻十五、うたがひ）は、道長の仏事供養をまとめて述べ、さらに法《ほう》成寺《じょうじ》の造仏をしるす。すなわち、それは、

六観音　七仏薬師　九体の阿弥陀仏　十斎仏　百体の釈迦　千手観音　一万体の不動、等々、枚挙にいとまがない。また、法成寺の金堂の扉には八相成道《はつしょうせいどう》を書き、また、金泥の一切経供養を行う。また、あるときは、五大尊の一つの大威徳を書き供養する。また、

八万部の法華経を供養し、これらはみな、滅罪生善のためという。

　こうして道長は、出家以前からすでに宗教が身についていた。いままで挙げてきたところの年中行事も加持祈禱、仏事法会の多いことにおどろくが、叡山、高野山をはじめ当時の寺々の大きな仏事に参加し、源信、院源をはじめ当時の天台・真言系の僧都との交際は、『御堂関白記』にあらわれる僧の名前を挙げてみただけでも数十人にのぼり、その幅の広さがうかがわれる。このうち院源は、法性寺《ほっしょうじ》座主、法興院《ほこいん》の別当である。

　法性寺は道長の曾祖父忠平の建立。寛弘元年（一〇〇四）二月には修理のため赴いており（『御堂関白記』二月十九日）、同三年七月二十七日には五大堂を建立。棟上をおこなっている。これより先、五大堂に安置の丈六の仏像の作成にあたり、道長は座主院源に造料米五百石を送っている（同二年十二月二十一日）。そして寛弘三年八月には完成した丈六の五大尊を法性寺の新堂に安置している（八月七日）。十月二十五日には開眼供養。十二月二十六日には法性寺五大堂の供養があり、『御堂関白記』に、

　　法性寺丈六五大堂供三養雑事一有二定文・式文等一、

とある。そして翌四年の二月五日には、

　　法性寺五大尊法第五番、明救前僧都、結願、

と、これは、『御堂関白記』の記述は簡単ではあるが、盛大な供養であったことがうかが

われる。そして完成なった法性寺に、道長は「入㆑夜詣㆓法性寺修二月㆒」と修二月会《しゅにがつえ》をおこなっている（同五年二月十三日）。また、翌々年も修二月会を修せんと法性寺に出かけたが、このときは、途中大風のため、帰ってきたと『御堂関白記』（寛弘七年閏二月一日）にあり、また、女方倫子のおこりの病のために法性寺へ参っている（同八年七月二十七日）。長和二年（一〇一三）八月十四日には、法性寺に五壇法《ごだんほう》を修し、五大堂の南の堂の北廂《きたびさし》に図絵を懸ける。

　さて、長和四年（一〇一五）の道長の五十賀も法性寺において行われた。そして、寛仁二年（一〇一八）閏四月十六日には、

　心神尚悩不覚、入㆑夜参㆓法性寺五大堂㆒、

と病の療養のためにも参っている。また、同年十月五日には、

　此暁近衛御門(明子)詣㆓法性寺五大堂㆒、院同参給、

と、明子は、小一条院敦明親王とともに法性寺五大堂に参籠している。なお、法性寺の南門の額は道長の、西門の額は行成の筆によるものである。すなわち、寛弘四年（一〇〇七）十二月十日の条に、

　法性寺未㆑懸㆑額、依㆓僧都示㆒書㆑之及、

とあり、その際、道長は「従㆑本非㆓能書㆒、度々雖㆑示㆓不㆑堪由㆒、云所依㆓功徳故㆒書㆑之」と

あり、道長自身能書でないため、たびたびことわったが、功徳という理由で、これを書いたという。

以㆓午時㆒懸㆓之南門㆒、西門左大弁（行成）書、

とある。

また、父兼家の寺、法興院も、法性寺と同じく道長が大事に守護していることが明らかである。兼家の娘、道長の姉の東三条院詮子は法興院に渡御のことが多く、『御堂関白記』長保二年（一〇〇〇）二月十一日の条などにもみえている。同じく兼家の娘、尚侍綏子の法事もここで行われており（寛弘元年〔一〇〇四〕三月二十三日）、道長四十賀（寛弘二年十一月）には、法性寺とともに法興院からも巻数《かんず》が送られている（『御堂関白記』・『権記』十二月二十日）。また、寛弘四年（一〇〇七）十一月二十日、敦道親王の七七日法事が道長によって、ここ法興院で行われたのも、敦道親王の母女御（冷泉天皇の女御超子）亡きあと、親王を可愛がっていた兼家の遺志を継いでのことであったろう。

その法興院が寛弘八年（一〇一一）十月六日焼失する。

子時許有㆓未申方火㆒、未㆑知㆓其処㆒、随身公時来、申云、法興院焼亡云々、

とのしらせが届く。道長はおどろき、

仍求㆓乗物㆒馳至、法華堂一宇遺、他悉以焼亡、従㆓法華院僧房㆒出来云々、

と『御堂関白記』にあって、一時は失望するが、その際には、道隆が法興院内に建てた積《さく》善《ぜん》寺《じ》までは火が燃えひろがらなかった。だが、その翌年、ふたたび焼失。長和元年（一〇一二）閏十月十七日、

亥時許有㆓南方火㆒、以㆑人令㆑見、大炊御門与富小路云、指㆑東焼行、付㆓法興院北倉㆒、而後人来云、付㆓積善寺㆒云々、仍馳到、已人力不㆑可㆑及、

とあって、こんどは積善寺も焼失してしまう。道長は、

去年九〔十〕月法興院焼亡、又今年如㆑此、歎思無㆑極、為之如何、只取㆓出六天㆒、大仏三体為㆑灰、奉㆑見涙不㆑禁、

と『御堂関白記』に書いており、その嘆きはいかばかりであったか、想像にあまりある。翌日、陰陽師をして占わしめ、何か祟りでもあるかと道長は心配している。だが、道長は、これにめげず、早急に堂を建てることを計画し、長和二年二月十八日には、堂の壇を築き、四月三日には仏堂を建立。一五〇人の人夫を使ってこれをなしたという。十一月四日には、皇太后彰子御願の等身仏像を法興院の北屋に移している。長和四年（一〇一五）閏六月二十四日には、

奉㆑渡㆓法興院東薬師堂御仏㆒、仏壇等未㆓造了㆒、

とあり、新造の法興院薬師堂に仏像を安置している。そして同年九月八日には、

楠葉牧無レ寺有レ鐘云々、仍遣レ召、持参、送ニ法興院一、

と楠葉牧の鐘を法興院に懸けている。さらに同五年六月十八日には、

晩景行ニ法興院一、沙金百両預ニ僧都一、是丈六仏三尊料前以渡耳、

とあって、三尊仏を法興院に入れるために作らしめている。しかるに、同年七月二十一日、道長の土御門第を焼きつくした火は、ついに法興院に燃え移り、一屋も残さず焼亡したという。このときの火災は、土御門大路より二条の北五百余家を焼亡したと『御堂関白記』にある。早速、ふたたび新造を開始。寛仁元年（一〇一七）二月十二日の条には、故殿の人々、すなわち、兼家に仕えていた人々が堂の壇を築くべきであるといったことが、『御堂関白記』に書かれている。そして六月には完成。法興院新堂において法華八講が修せられている。法興院は焼亡後、新堂と廊などを立てたものであり、ここに今日、始めて御八講を行うことができたと『御堂関白記』同二十七日の条にある。

総合芸術の殿堂・法成寺

さて、法成寺《ほうじょうじ》建立と法成寺内の道長の生活について述べることとしよう。

法成寺を建立しようと道長が思い立ったのは、前々からの彼の宗教心が晩年に及んでま

すます昂じた結果によるものであることはいうまでもない。法成寺は芸術的殿堂の総合ともいうべき寺である。辻善之助氏が、「寺を造るにも寺が一種の総合美術として信者の耳目を喜ばしむるものとなっていた」（『日本仏教史』）といわれるとおりだが、道長の法成寺建立の動機には、やはり病気と無常観があったことを考慮する必要がある。

道長も晩年には眼が不自由になってくる。そのうえ、万寿二年（一〇二五）には四女の嬉子が、同四年には次女の妍子および顕信が亡くなっている。明子腹の顕信は、これより先、長和元年（一〇一二）に父親道長にもことわらず、叡山にのぼり出家をしている。道長としても、いわゆる『源氏物語』にみえる宿世のようなものをしみじみ感ずることになったのであろう。道長は先にも述べたように、律令政治を遵守しつつ生涯、大臣として、または、内覧、摂政、太政大臣として政治を動かしてきた。しかしここにおいて、社会全体における律令制の動揺と、それを支えきれなくなってきた自身をすでに感じていたのだろう。実資は『小右記』に律令国家の理想をえがき、延喜・天暦の世を憧れる、いわゆる王威、王道思想をもちつづけてきた。しかし、世間では、現世否定の無常観が中下層の貴族、知識人から広がりはじめ、ここに平安朝の浄土教発展の基盤が出てきたのである。「有為の現世の生活においては無限の過去の宿命が自己を支配し」、「有為の現世を観た時に悲哀の感情を以てながめた現実が無常である」と井上光貞氏がいわれるところである

（『日本浄土教成立史の研究』九八頁「浄土教発達の思想的背景」）。道長もこのような業の輪廻とか悲哀感とかを自覚しはじめていたのだろう。

寛仁三年（一〇一九）に入ると、道長は健康がはかばかしくなく、出家する。先述のように法名は行観。道長の病のために非常赦が行われ、その後も道長の健康は、おもわしくなく、六月十九日には法名を行覚と改めている。そして病がいくぶんよくなると、七月、道長は直ちに無量寿院《むりょうじゅいん》（中河御堂）の造営の準備をはじめた。丈六金色阿弥陀仏像十体の造立を発願して、その新堂の木造始を早速におこなっている。道長の無量寿院、すなわち法成寺については史料がきわめて豊富である。それは、『大日本史料』二編之十四、十五に詳細なところであるが、まず、『小右記』をはじめとして、『左経記』、『諸寺供養類記』引用の『堂供養記』などである。そのほか、『栄花物語』の巻第十五うたがひ、十六もとのしづく、十七おむがく、十八たまのうてな、二十二とりのまひ、二十五みねの月、二十八わかみづ、二十九たまのかざり、三十つるのはやし、——以上の巻々は、法成寺の建立から、道長の法成寺の生活、そして法成寺の阿弥陀堂における道長の死まで、大へんにことこまかに書かれている。『栄花物語』は重要史料である。まず、巻十五によれば、法成寺造営の計画がはじまると、摂政頼通は、公事はさておいても、この御堂の事を先に仕うまつるべきであるといい、道長も「この度生きたるは異事《ことごと》ならず、我願の叶ふべきなり」

といって、造営に懸命になり、方四町に大垣をめぐらして瓦を葺くとある。日の暮るるのも惜しまれ、山を築き、池を掘り、植木を並べるなどして、すべてこの御堂造営にかかり、道長の荘園より五、六百人ないしは千人の人夫たちが参り、国司たちは地子官物は遅れても、御堂造営のために奉る人夫材木、檜皮《ひわだ》、瓦などを少しでも多く参らすようにと心がけ、あらそいあって、それらを奉った。

あるところを見れば、御仏仕うまつるとて、巧匠多く仏師百人ばかりひきゐて仕うまつる。同じくはこれこそめでたけれと見ゆ。堂の上を見上ぐれば、たくみども二三百人のぼりゐて、大きなる木どもには太き綱をつけて、声を合せて、「えさまさ」と引き上げさはぐ。御堂の内を見れば、仏の御座造り輝かす、(巻十五、うたがひ)

と誇張もあろうが、大へんなものであったことがしのばれる。池を掘るとて四、五百人、山をたたむといって五、六白人登り、大路の方を見れば、力車に大木どもを綱つけてさけび引いて上ってくる。賀茂川には筏に木材を入れて棹さして心地よげにうたいながら上るものがあるという。

以上の『栄花物語』の叙述は、寛仁四年(一〇二〇)正月・二月の造成の描写である。造営中の寛仁四年正月・二月の『左経記』にも『栄花物語』と同様の叙述があり、正月二十五日には『左経記』の著者、源経頼は近江守であったことから、同国最勝寺の鐘を道長の命によりもってきている。同二月十二日には道長が中河御堂に参り、池を掘る人夫たちに指図しており、仏壇の基礎工事が完成する。同月二十七日は阿弥陀仏九体と観音・勢至像各一体を移している。その行列次第、すなわち車上に蓮華座を作り、仏像をすえ、運び終わると道長は仏師・大工らに感激のあまり、衣を脱いで賞賜としたことが『左経記』に書かれている。

また、この九体の仏は、頼通以下の公達《きんだち》が小南第より相分けて造り運んで御堂（法成寺）にもってきたと『中外抄』にあり、楽人が鼓を打ち、近衛の官人が車を引き、僧の行列も華やかに行われたとある。

そして、二月二十日には中河御堂の梵鐘を鋳造せしめる（『小記目録』）など工事は着々と進み、同四年の三月二十二日には無量寿院の落慶供養となる。『御堂関白記』の記述は簡単ではあるが、『左経記』『諸寺供養類記』『日本紀略』『扶桑略記』などにまことに詳しい記述がある。この儀は、国家行事として御斎会《ごさいえ》に準ずべきの宣旨があり、まず、前々日、二十日には試楽が行われ、二十一日には堂の装束もすみ、二十二日、当日には開眼、一五〇余人の請僧《しょうそう》の参列。盛大な儀式が行われている。道長は出家後はほとんど日記はつけていないが、寛仁四年は、この日の儀式のみ、やはり書いている。

此日无量寺供養、寅時皇太后宮・中宮同輦従二西院一渡給、諸司供奉如レ常、同時仏開

眼、法印(院源)、(中略)卯時会集打レ鐘、同時太皇太后(彰子)従レ内行啓、巳時諸僧入レ堂、両証者
入二中門一、登二南階一着座、

と、太皇太后彰子、皇太后妍子、中宮威子らの行啓があって開眼が行われ、儀式は盛大に挙行されているが、『御堂関白記』のこの日の記述は割合に簡単である。

　この阿弥陀堂は、はじめは中河《なかがわ》御堂《みどう》、または単に御堂とよばれていたが、供養の当日二十二日には無量寿院の名が付けられた。『諸寺供養類記』引用の『堂供養記』には一段と詳しく書かれている。太皇太后は内裏より行啓、公卿侍臣陪従、彰子の御輿が西門より入る間、船楽が進出、即時、会が始まる。上官(太政官の役人たち)並びに式部・弾正・治部・玄蕃などの役人がみな参会したとあり、阿弥陀経三千巻の供養があり、楽人らによる音楽があり、舞人たちの舞も行われた。三后より禄を給わる。日暮れより念仏もあり、院源法印は夜になって参り、この儀の執行長吏である。舞楽があり、上下の人々脱衣して舞人の被物《かずけもの》とする。道長は実資を招き、相談し、三后に和琴・念珠などを奉っている。実資は、

　今日事依レ式可レ行歟、

と書いている。

　道長の宗教生活は、本格に徹したものであって、出家の年、寛仁三年の九月東大寺で受

戒、興福寺へ詣でている。この際、道長は先例を知るため実資に、円融法皇御受戒の際の日記について問いあわせている（九月六日）。実資は『円融院東大寺御受戒間暦略記』（具注暦の日記の略記）を書き出し、道長に奉っている（七日）。

こうして無量寿院（中河御堂）建立中にも東大寺へ行くなど、すべて宗教生活に明け暮れしている。

さて、寛仁四年三月の無量寿院の落慶供養が終わると、四月二十八日には無量寿院十斎堂および三昧堂の造作を始め（『左経記』）、六月二十二・三日には十一面経を無量寿院に講じている（『左経記』）。そして、六月二十九日より七月二十一日まで法華三十講をおこなっている。七月十日に実資は無量寿院に行き道長に会い、講は上東門第において行われている。道長は無量寿院より徒歩で上東門第に行き、講説・論議が常のごとく行われている。七月二十一日には結願となる。

十斎堂の造作は『御堂関白記』の六月二十九日条に「十斎仏未レ奉レ作、三躰作了、奉レ立レ堂」とあったが、閏十二月二十七日の『左経記』に、

今日无量寿院十斎堂被二供養一云々、

とあるように、この日に完成している。『栄花物語』（巻十五、うたがひ）にも、

又は十斎の仏を等身につくらせ給、（中略）これらみな滅罪生善のためとおぼしめす、

とある。この多忙の間にも、道長は比叡山に登り（『小右記』十二月十三日）受戒。その途中、中堂、食堂において七仏薬師法を修している。『小右記』（同十五日）には、

依㆔目不㆓見給㆒所㆑被㆑行之善歟、

とあり、七仏薬師法、不断薬師経読経などをおこなっている。このとき頼通はわらじ履きで参上。坂下に手輦が迎えに来ていたが乗らず、と『小右記』にある。

治安元年（一〇二二）には、正月一日、無量寿院に頼通は諸卿を率いて拝礼に参っている。さらに尊堂、すなわち源倫子は土御門第におり、拝礼をおこなっている（『小右記』）。十日には無量寿院の阿弥陀堂・十斎堂で修正をおこなっている。

さて、二月二十八日には、道長の室倫子も無量寿院において、院源僧正より授戒をうけて出家（『小右記』）、しばらくして源明子も出家と『栄花物語』（巻十六、もとのしづく）にみえている。

また一方、道長は三月二十九日、天皇の御悩平癒立願の御礼として無量寿院において丈六の仏像絵百余体を供養している。釈迦、薬師如来、観音、不動尊、その他。仁王経百部、寿命経千部を書写。道長はこの日、諸卿を率いて巡拝。終わって無量寿院で実資と参会し清談。その儀式の際のしつらいは、池のほとりの四面に仏台をかまえて絵仏を懸け、仏ごとに花を供え、中尊の前には礼盤を立て、その東西に高座を立て、経机・行香《ぎょうこう》机などは

常のごとくであったという。諸僧の幄《あく》を中嶋に立て、池上の橋に舞台を構え、そこでまた実資と清談する。その巽の方に上達部は並ぶ。しばらくして願主の道長は上達部の上首に着し、請僧《しょうそう》が着座する。講師は院源。楽人・楽師らも入り、堂童子着座。鳥童、菩薩、音声の人らが入り、大唐・高麗の舞各一曲。舞が終わり、感激のあまり道長は上衣を脱ぎ、被物として与える。他の舞人たちにも給うべきことをいう。天皇のためのかように盛大な儀式をおこなったのち、六月二十七日には無量寿院講堂を造立した。七月十五日には無量寿院金堂の上棟（『左経記』）。この堂の材木は甚大で、車に載せることができず、賀茂川に浮かべて曳き、「鴨《(ママ)》河之水尋常、（中略）不レ務二人力一曳三著寺門一是天地相応歟」と『法成寺金堂供養記』にある。

道長は、こうして宗教生活を送りながらも、七月二十五日の任大臣についても無関係ではなかった。公季が太政大臣に、頼通は左大臣に、実資は右大臣に、教通が内大臣に、頼宗・能信が権大納言に、それぞれ任ぜられる際の相談に、実資は道長を訪《とぶ》らい、

余依二感恩一参入、即奉レ謁、申三奉雑事一、（『小右記』七月九日）

と、感謝している。そして任大臣の儀に道長は、実資に早く参内を促し、関白頼通の宿所に宣命を待つようにいい、また、内大臣教通の大饗の遅延を早く行うように催促している。天皇出御。内裏の儀式終了後、公季をはじめ、それぞれの任大臣大饗が行われる。その際、

道長は寝殿の簾中におり、拌礼の間に立明《たちあかし》を据うべしなどと指図している。実資は翌日、無量寿院に到り慶を申している。

道長は、先に（寛仁二年正月十五日）二条第に一切経を安置。これは奝然《ちょうねん》の持ち来たったもので、道長は関心が深く、同年六月二十七日には、これを新造上東門第に移したが、治安元年八月一日、その一切経をさらに上東門第より無量寿院の経蔵に移している。その模様は、楽人が前行し、僧綱已下が次歩し、四位・五位および諸衛の官人以下が、次々に、それを運び、願主の道長と諸卿が脆いている。上達部・殿上人が相迎えて経蔵に運び置いている。舞楽があり、僧俗を饗応し、「是禅門《（道長）》御定也云々」と『小右記』にある。仏事が終わって道長は騎馬して、石山寺に眼病平癒祈願のために参っている。

九月一日より五日まで『御堂関白記』には、

一日　初念仏　十一万遍
二日　十五万遍
三日　十四万遍
四日　十三万遍
五日　十七万遍

と念仏を修したことが書かれており、『御堂関白記』も出家後、寛仁四年は、新造無量寿院供養の記述が二行（三月二十二日）あるのみ、そして、治安元年は、この記事のみである。

　十二月二日は、倫子の無量寿院の西北院供養（『小右記』、『諸寺供養類記』、『栄花物語』巻十六もとのしづく）。翌日、金色の阿弥陀五仏を堂に安置、仏事を修する。禅閤（道長）も堂前に着し、大僧正済信と僧正の院源が仏前の左右に在す。法華経百部、阿弥陀経などを供養する。同三日より三日間の不断念仏がつづき、六日は念仏結願となっている。行成がこの日の願文を清書している。

　翌治安二年（一〇二二）四月二十八日、皇太后妍子は一条殿より新造の枇杷第に遷御されている。道長は出家の身でありながらも昨日・今日は枇杷第に在って作事や邸のしつらい、さらには、御装束のことなどを指揮している、と『小右記』にある。枇杷第は、焼失して六年目（長和五年九月二十四日焼失。『御堂関白記』・『栄花物語』）の復興であった。

　さて、治安二年七月十四日には法成寺金堂供養。この日、天皇、大宮（彰子）、皇太后（妍子）、中宮（威子）、尚侍（嬉子）らの行幸・行啓をはじめ、関白頼通、大臣教通ら、一族を集めて、この世の極楽浄土を眼前に浮かべるような大がかりな落慶供養であった。御斎会に準ずるの宣旨があり、まず、天皇が阿弥陀堂に入御。中尊を三拝。次いで金堂に入御となる。つづいて皇太子の入御。頼通以下諸卿が迎える。皇太子は酷暑のため気分が悪くなり、氷を召して休息された。道長が中門の辺に立ち、案内役をする。大門より中門に至るところに長筵《ながむしろ》を敷き、縁道となす。中門より阿弥陀堂までは紫絹をもって縁道とする。中門から阿弥陀堂道のしつらいは道長の設けたところである。皇太子も阿弥陀堂の中尊を拝し、上達部・殿上人らも、それぞれの座につく。

行成は、このときもまた活躍は著しく、法成寺の額の字を書くことを道長に依嘱された（『諸寺供養類記』引用の『常供養記』）。行成は額を書くために、行幸に遅れて参入したことが『小右記』にみえる。また、行成は金泥法華経の外題を書いている。頼通もさすがに暑さに耐えかねたのであろう、『小右記』に、

一献後水飯、太相府密語云、聊設二休息一、而苦熱之間向二其所一不レ可レ耐、

とある。道長は、この日、非常赦を奏上、すなわち『小右記』に、

禅閤被レ奏云、一切衆生抜レ苦之事、念々不レ忘、今日不レ意二臨幸一、欲レ奏二非常赦一事、今世奏何事被レ候二天気一、

とあり、実資も同意し、この日、非常赦が行われている。また、同じく『小右記』に、

禅閤云、久無レ出二交盃酒座一、今日殊有二恐思一、慭以勧レ盃、言未レ了、落涙難レ禁、

とあり、さらに道長は実資のそばに近寄り、

巡行了後目レ余、仍進寄、耳語云、為レ救二重罪輩一中二請赦令事一、至レ今偏念二後生一事、

今世只奏㆓此事㆒許也者、

といい、実資も、

余答云、今日御善根未曾有歟、被㆑奏㆑行㆓赦令㆒事、無㆑極慶事也、

と道長にこたえている。

心誉・院源をはじめとして、僧正たちにも封を与えることを実資と相談し決定する。さらに、仏師の定朝《じょうちょう》にも法橋の位を与えている。これは実資の一言によるものであった。

この供養会に先立って、無量寿院を改めて法成寺《ほうじょうじ》と名づけた（『堂供養記』九日、『左経記』十日）。『栄花物語』の「巻第十七、おむがく」は、この巻全体が法成寺供養であり、国々の受領たちの協力の様子や木材の輸送の状態などが具体的に書かれている。

道長は、この供養の日、大垣をくずした。一般見物の車の轅《ながえ》を掛けるに便にするためであったという。また、検非違使の別当が見物の大衆を杖をもって打って追い払うと、道長は心苦しげに見守っているという状態であった。行幸の御輿は、左右の船楽・龍頭鷁首の船に迎えられて法成寺の門内に入ってくる。西中門の北廊より昇られ阿弥陀堂を経て、金堂西廊に天皇は着かれる。入道殿道長が前にいるため、関白殿、内大臣殿は階段のほうから入る（『栄花物語』の「かへる」とするは誤り）。天皇は仏の前に参られ阿弥陀堂の中尊を拝ませ給い、道長は、その有様をみて涙がとどまらなかったという。つづいて金堂に入御。

東宮の行啓、東宮も天皇とともに仏の御前に上られ、道長もその側にいる。
法成寺の境内の有様は、庭の砂が水精《すいしょう》のようにきらめき、池の水は清く澄み、いろいろの造花の蓮華を仏座として一々仏の像を据えている。仏の影が池に写り映じている。東西南北の御堂、経蔵、鐘楼まで影が写って一仏世界とみえている。金堂は七宝所成の宮殿である。金色の扉を開くと、八相成道（仏一代の経歴のうちで主なすがたのこと）の絵が書かれている。金堂の本尊は、大日如来。太宝蓮華の座の上に安置されている。左右には弥勒と文殊が在る。その他、梵天・帝釈天・四天王が、いかめしく立つ。いかにも極楽世界そのものの感じ。南の幄《あく》には仁和寺僧正済信、禅林寺僧正深覚、山座主院源、山階寺僧都林懐らがいる。行道《ぎょうどう》（僧が列を作り読経しながら仏や仏殿の周囲をめぐること）があり、院源が御願文を読む。道長は宮たちに、今宵は法成寺に泊まることをすすめる。そこでみな喜び法成寺に泊まってゆく。

十四日はまた法華三昧堂の普賢講《ふげんこう》。講が終わると道長は阿弥陀堂で念仏。今宵の御対面は仏の御験《しるし》であるという。翌十五日は三后・姫宮・尚侍がそろって法成寺の諸堂の見物。この日は阿弥陀堂で盂蘭盆講《うらんぼんこう》が行われ、御堂の遊宴があり、三后還御となる。

さらに『栄花物語』には、次の「巻第十八、たまのうてな」にも、完成後の法成寺について詳しく書かれており、その冒頭に、

御堂あまたにならせ給ま丶に、浄土はかくこそはとみえたり、

とある。この巻は、尼たち四、五人が御堂（阿弥陀堂）の読経や説教に参加し、尼たちの語りのような書き方で筆が進んでゆく。おそらく尼の日記とも称すべき原史料が存したのであろう。尼たちの阿弥陀堂参詣記である。本尊は丈六の阿弥陀如来九体が並び、一体ごとにその左右に金色の観音・勢至《せいし》両菩薩を配し、それら全体を四天王が守護していた。九体の阿弥陀如来は、九品浄土をかたどり、蓮《はちす》の絲を村濃《むらご》の組紐にして、九体それぞれの仏の手を通じて、中尊の仏が集め総括するかたちとなっている。それらが道長の念誦《ねんじゅ》の座まで引いてあった。そして臨終の際にこの紐を手に握り、極楽に往生する仕組みであった。

西日になる頃、黄昏の念仏が行われ、道長をはじめとして寺のうちの僧たちが集まり、行道や散華《さんげ》が行われ、装飾の金物が西日をうけて池の面に写り映えているのが美しい。尼たちが散華《さんげ》の花を供え、念仏の声は池の浪と響き合って法を説くかと聞かれた。暗くなると承仕《しょうじ》（仏事に雑役を奉仕する者）が御燈を持って参り、仏の御前の燈籠に火をともした。火に映えた仏像は一段とかがやき、見るもまばゆいほどであった。道長も念仏が果てて堂を出る際に仏を拝み、人々の御迎えに応じて出る。尼たちは、中河あたりの尼の家に泊まり、御堂の有様をいつまでも語り、また、道長の法成寺の立派さを讃美した。さらに若い尼が夜更けて参り、八月二十日過ぎの有明の月が澄み、南の大門を入ると池のまわりをは

じめ境内の前栽には露が玉のようにきらめいていた。観無量寿経の一六種の観法のようであったという。

西中門の南に三昧堂があり、そこでは僧が一人、法華経法師品《ぼん》を読誦していた。普賢菩薩が小象に乗った姿もめでたくみえ、阿弥陀堂は懺法《せんぼう》の行われているときであったが、仏をみると無数の光明がかがやき、十方界（十方世界の略。十方に存する無量無辺の世界）に入ったような感じをうけ、『往生要集』の文を思い出させるのであった。道長の声は多くの僧の声にもまぎれず、特別、尊いもののように聞こえた、とある。要するに、法成寺には尼の見物の進路があり、それは南大門から三昧堂を経て阿弥陀堂にいたり、金堂を経て廊を渡って五大堂をまわり、最後に西北院という順路になっている。

いったん、尼は帰宅して休んでいると、ある里人が来て、御堂の案内を願いたいという。そこで、もう今夜は無理だといって待たせ、昼間になってこの里人を伴い、ふたたび御堂へ参って中を案内した。三昧堂、阿弥陀堂、五大堂、戌亥《いぬい》の別院（西北院、これは倫子の御堂）、殿の居所（五間ほど檜皮葺《ひわだぶき》の寝殿、道長の居所）などを巡回した。ある所では法華経の不断経を読み、ある所では大般若経を読んでいた。仁王経を講ずるもの、曼荼羅《まんだら》を懸けて阿弥陀の護摩《ごま》や尊勝の護摩を行うもの、その他、薬師経・寿命経の読経や涅槃経の転読をするものもあり、小法師が経論を勉強したり、千字文や孝経を読んでいたりして、極楽浄土もかくこそはとおしはかられるのであった。

以上は、『栄花物語』の叙述であるが、『大鏡』（太政大臣道長）にも、

なほ、この無量寿院いとめでたく、極楽浄土のこのよにあらはれけるとみえたり、

とある。

法成寺は、阿弥陀堂に中心がある。道長の信仰の本質は天台・真言の台密にあるが、やはり、源信の『往生要集』による浄土教の要素がつよい。道長の浄土教への帰依は現世浄土であり、結局、阿弥陀堂を建立した理由は、ここにあるのである。本尊の阿弥陀仏は、のちに宇治平等院の鳳凰堂のそれが、これをまねて造られることになる。だが、この法成寺は平安末期にすべて焼失する（『栄花物語』巻三十七、けぶりの後）。天喜六年（一〇五八）二月二十三日のことで、『扶桑略記』にも詳しい。『栄花物語』では、この場面が自分の眼で見聞したように書かれている。

さて、治安二年九月十五日には、法成寺阿弥陀堂において亡母、藤原時姫のために法華八講をおこなっている（『左経記』・『小右記』）。

治安三年（一〇二三）三月十日は、法成寺に万燈会《まんどうえ》（『日本紀略』、『小記目録』は三月。『栄花物語』巻十九、御裳ぎは四月としている）。道長は人々に万燈を寄進せしめた。御堂、御堂の経蔵、鐘楼までみな開放する。池のめぐりに宝樹を立て火をともしている。車輪燈（回

転するように作った燈籠)、羅網燈(宝珠を連ねて飾った燈籠)などのかたちをつくり、蓮、水鳥などの燈台を池に浮かべている。各々寄進の燈籠の優劣を競い、百余人の僧が行道し池のめぐりをまわるさまは、遠くからみると、ちょうど植木の中を分けるようにみえる。日が暮れるころ、それらの燈籠に火がともると、それは万燈どころでなく億千万燈のようであったという。その夜の燈の光は、十方浄土(先述の十方界と同じ)の世界にいたるとみえ、法興院の万燈会にもまさるものだったという。

同年五月二十八日には、阿弥陀堂において逆修法事をおこなっている。これは四九日間行うものであって、阿弥陀堂に等身阿弥陀如来像四九体を懸け、金泥法華経などを書写している。行道、行香《ぎょうこう》などがあり、実資は『小右記』にこれを詳しくしるしている。六月十日の条には、道長が講師永昭の説教の言語の微妙なることに感激したさまを、

落涙難レ禁、禅閤数度拭レ涙、禅閤曰、所労不快、枯槁尤甚者、

としるしている。同じく十三日にも、

禅閤猶有二悩気一、念仏間入二臥簾中一、被レ招二入心誉一、為二加持一歟、

とある。七月十六日は結願、道長は実資に参入を感謝している。だが、病気とはいえ道長の法成寺に対する新計画はさらに着々と進み、六月八日には、薬師堂造立のため、関白左大臣頼通以下をして礎石を曳かしめている。

六月二十二日には円教寺・法興院の御八講。また、八月十一日には宇治第に法華八講。

『小右記』に、

於二此処一年来漁猟、為レ懺二其罪一云々、

とあり、『栄花物語』（巻十九、御裳ぎ）に、

そこを年頃逍遥所にせさせ給へりしかば、その懺悔とおぼしめして、法花経、四巻経などかゝせ給て、阿弥陀の曼荼羅など書き奉らせ給て、

とある。

ことゞもはつる日、いみじき御功徳とおぼしめして、殿のおまへ、

宇治河の底に沈めるいろくづを網ならねどもすくひつるかな

とおほせられたるに、講師《こうじ》たち、これを詠じて、御返し仕《つこ》うまつらずなりにけり。

しかし、道長の健康は、また回復し、高野山金剛峯寺へ参詣している。帰って実資と、早速、高野山参詣の模様を清談している（十一月十日の『小右記』および『扶桑略記』）。十月十七日夜は東大寺に宿している。十八日には興福寺、元興寺、大安寺、法蓮寺、山田寺などに行き、堂塔を見ている。二十一日に高野政所に着し、二十三日には廟堂を拝し、法華経などを供養している。二十四日に下山。二十六日には法隆寺にいたり、宝物を拝観。二十八日には摂津四天王寺に到っている。二十九日には江口の遊女に米を給わっている。

十一月一日には帰京。桂河辺で夜が明け、法成寺の御堂へ入った。

以上は『扶桑略記』に詳しい記述があるが、十一月一日の条に、

修理権大夫源長経依二教命一記レ之、

とあり、長経は道長の命によって修行記を書いている。

治安三年十二月二十二日には慈徳寺に参詣。二十三日には法成寺の薬師堂に仏像を安置している。丈六金色像一五体を七仏薬師・日光・月光・六観音とともに力車にのせ、僧綱や凡僧、合わせて六〇人の法成寺の供僧がこれをつとめて、新堂に安置している。千手観音・五大尊も安置し、院源・定朝に道長は脱衣し被物《かずけもの》にしている（『小右記』）。『栄花物語』（巻二十二、とりのまひ）にも詳細な記述があるが、そのなかでこれを「万寿元年三月廿余日の事なり」としているのは誤りである。

そして万寿元年（一〇二四）六月二十六日、法成寺薬師堂の供養。太皇太后の彰子も渡御。講師は院源僧都、堂童子左右各六人、唄師四人。大行道等々あり、この儀も御斎会《ごさいえ》に準じて行われた。願文は、慶滋為政。藤原行成が願文を清書している。『栄花物語』（巻二十二、とりのまひ）には、「道長の心の中より諸仏があらわれた」という。

また、七月八日には、道長は文殊会をみようと東寺・西寺へ出かけたが、料物不足により文殊会を延引している。

九月十九日には、頼通が高陽院《かやのいん》にて競馬を行い、天皇、東宮の行幸、行啓もあって、道長は高陽院の東対の文殿で見物している。

十月十九日には、道長の土御門第において、七宝小塔を供養する。七宝小塔を東対に安置。天皇も来られ、結願の日（二十三日）、実資は、

亦禅閤坐、下官一人不レ参、頗可レ無レ便、時勢事異二往時一、就中一日参入事禅閤被レ悦、今日可レ参由有二風聞一、弥被二感悦一云々、

と『小右記』に書き、道長は実資のこの儀への参入を、ことのほか喜んでいる。と同時に、実資は、また、それを得意げに書いている。この多宝塔の内には釈迦仏が並んでおり（『栄花物語』巻二十三、こまくらべの行幸）、見仏聞法の人は、如来の光にみな照らされているという。道長は結縁のため、一二人の僧たちに宿直装束を賜い、また行成が法文（適当な経文の類）を書いている扇、紫の絲を添えた帯等々を与えている。しかし、道長はこの頃より風病をわずらっていたため、早く帰る。

また、十月二十五日は有馬温泉に、十一月十六日には大和長谷寺に参っている。このたびは七日こもっている。

道長の死

さて、万寿二年（一〇二五）には、八月三日、末娘嬉子は敦良親王の東宮妃であったが、皇子、親仁《ちかひと》親王（のちの後冷泉天皇）を生み、その御湯殿の儀のときより嬉子は気分が悪くなり、食事も召し上がれないようになってきたと『栄花物語』（巻二十六、楚王のゆめ）にある。そして八月五日には不覚となり、ついに亡くなる。一九歳の若さであった。道長は、倫子・頼通らとともに悲泣し、翌七日は道長・頼通らが法興院に遺骸を送る。九日には嬉子の蘇生を道長が夢みたと『小右記』にあり、十五日に嬉子を葬る。『栄花物語』は、このときの道長の気持ちを、

殿の御前は、世中を深く憂き物におぼしめして、「今は里住さらに〳〵。ふかう山に住まん」とのたまはせて、まことの道心起こさせ給へり、

と書く。このように、この嬉子の死を動機に無常を感じ、山住みを思ったのであろう。とにかく道長は嬉子を失ってから一段と心身ともに弱ってゆく。

万寿三年（一〇二六）正月十九日には、太皇太后藤原彰子が出家した。東三条院詮子の先例にならって院号が与えられた。すなわち、上東門院である。院源が戒師となり、道長

の場合と同じであった。

万寿四年（一〇二七）に入ると、道長の病状がおもわしくなく、女院彰子や実資が見舞いに訪れるなどの記述が『小右記』(三月二十九日）にみえる。また、法成寺に尼戒壇を建立(同二十七日)。これにより延暦寺の僧に不穏の動きがあり、座主の院源も心配するという。その結果、延暦寺と園城寺の間に軋轢《あつれき》が起こり、実資は、道長にかなりの忠告の言葉を発しても道長は尼戒壇を止めなかった、などと書いている(四月二十六日)。一方、道長の病気は、はかばかしくなく、四月十三日、頼通が賀茂詣を停止し、賀茂祭の見物を停めるなどしている。また、翌十四日には妍子の病もよくないほうへ進む。五月三日、道長は法成寺阿弥陀堂において、等身不動明王百体の絵仏を供養している。また、六月二十一日には、法成寺の新造堂に百一体の釈迦如来像を造り安置する。

八月になると妍子の病は、いよいよ重く、一日の『小右記』に「宮御心地此五六日弥重」などとある。五日にも「未時不覚御坐」という。そして妍子は法成寺に渡り、病の回復を祈った(十三日)。

同四年、八月二十三日の条には、法成寺の釈迦堂供養の記事。金泥の法華経一部その他の写経もしている。三日目の二十五日は三日目《みかび》。女院も来られ、道長も倫子とともに来たり、行道を加うべしという。釈迦堂と薬師堂の間を往還する。実資は堂の前で道長に謁し、道長が喜ぶ、と『小右記』にある。二十七日は結願。九月四日は妍子が危篤。しかし、六日には御堂の効験か、小康を得る。十四日には出家。崩御となる。

この妍子の崩御より道長の病はつのり、十一月十日には、重態となる。非常赦が行われ、道長は念仏を始めている。度者《どしゃ》千人を給わり、何とか病平癒をと人々は懸命になっているのであった(同十三日）。頼通は万僧供を、また、彰子は百口僧をもって寿命経の読経をおこなっている。二十一日には飲食も絶え、また、背に腫物もでき、医療も受けられないという状態になっていった。二十四日には「心神不覚如二酔人一」とあり、道長入滅との誤伝があって、人々が馳せつけると、道長の身体に震えがあり、背の腫物の毒によるという。二十五日には西北院から阿弥陀堂に移り、二十六日には、本当に危篤となる。天皇は法成寺に行幸。法成寺に封戸五百戸を寄せられる。三十日には招魂祭を行い、また、道長の腫物の針の治療を行うはずであったが延引する。十二月二日に針を入れ、膿汁・血などが「少々出」と『小右記』にみえる。そして、ついに四日に薨ずる。翌日入棺、七日は葬送となる。場所は鳥辺野。一部の人々が骨をひろい、左中弁章信《あきのぶ》が骨を懸け、少僧都定基とともに木幡《こわた》に向かった。

この臨終のときの様子は、『栄花物語』にとくに詳しい。

すなわち、九体の阿弥陀仏にまもられながら、臨終念仏を念じつづける。『栄花物語』

（巻三十、つるのはやし）は、

仏の相好にあらずより外の色を見むとおぼしめさず、仏法の声にあらずより外の声を聞かんとおぼしめさず。後生の事より外の事をおぼしめさず。御目には弥陀如来の相好を見奉らせ給、

御耳には、かう尊き念仏をきこしめし、御心には極楽をおぼしめしやりて、御手には弥陀如来の御手の絲をひかへさせ給て、北枕に西向に臥させ給へり、

と、道長の様子を、しみじみと側で見ているような状態で書いている。おそらく、これは原史料が存したのであろう。つづいて、

十二月二日、常よりもいと苦しうせさせ給へば、（中略）人〳〵出して見奉らせ給に、あはれに悲しういみじうて、ほと〳〵御声をたてさせ給つべし。（中略）ついたち四日巳時ばかりにぞ、うせさせ給ぬるやうなる。されど御胸より上は、まだ同じ様に温《あた》かにおはします。猶御口動かせ給は、御念仏せさせ給と見えたり。（中略）夜中過ぎてぞ冷え果てさせ給ける。（中略）やがて入棺し奉りつ。（中略）七日の夜せさせ給べし。所は鳥辺野と定め申てまかでぬ。（中略）七日になりぬれば、つとめてよりいそぎせさせ給。

とあり、実に美しい臨終であったといえよう。

万寿四年十二月四日うせさせ給て、ついたち七日の夜御葬送。御年六十二にならせ給けり。

こうして道長は六二歳の生涯を万寿四年十二月四日をもってとじる。

『源氏物語』には、光源氏の死は雲隠《くもがくれ》の巻で知られるように、書かれていない。しかし、道長の死は『栄花物語』では、「巻第三十、つるのはやし」に、非常に詳細に書かれており、しかも、その内容が『小右記』と大へん類似する箇所が多い。これは『栄花物語』が、しっかりした原史料を用いて編纂風の書き方をしている証拠であって、道長の伝記を知るうえに『小右記』とともに重視すべきものであるといえよう。

参考文献

政治と社会

川上多助『平安朝史』（上）至文堂、昭和十四年
林屋辰三郎『古代国家の解体』東京大学出版会、昭和三十年
藤木邦彦『平安時代の貴族の生活』至文堂、昭和三十五年
坂本太郎『日本の修史と史学』至文堂、昭和三十三年
竹内理三『律令制と貴族政権』Ⅱ 御茶の水書房、昭和三十三年
古代学協会編『摂関時代史の研究』吉川弘文館、昭和四十年
土田直鎮『王朝の貴族』（「日本の歴史」五）中央公論社、昭和四十年
林陸朗『上代政治社会の研究』吉川弘文館、昭和四十四年
目崎徳衛『平安文化史論』桜楓社、昭和四十三年
村井康彦『平安貴族の世界』徳間書店、昭和四十三年
角田文衞『王朝の映像』東京堂出版、昭和四十五年
坂本賞三『日本王朝国家体制論』東京大学出版会、昭和四十七年

村井康彦『王朝貴族』（「日本の歴史」八）小学館、昭和四十九年
山中裕『平安人物志』東京大学出版会、昭和四十九年
橋本義彦『平安貴族社会の研究』吉川弘文館、昭和五十一年
佐藤宗諄『平安前期政治史序説』東京大学出版会、昭和五十二年
阿部猛『摂関政治』教育社歴史新書、昭和五十二年
森田悌『王朝政治』教育社歴史新書、昭和五十四年
黒板伸夫『摂関時代史論集』吉川弘文館、昭和五十五年
橋本義彦『平安貴族』平凡社選書、昭和六十一年

仏教

辻善之助『日本仏教史』（上世編）岩波書店、昭和十六年
家永三郎『上代仏教思想史研究』畝傍史学叢書、昭和十七年
井上光貞『日本浄土教成立史の研究』山川出版社、昭和三十一年
村山修一『浄土教芸術と弥陀信仰』至文堂、昭和四十一年

風俗と文学

岸上慎二『清少納言伝記攷』畝傍書房、昭和十八年
松村博司『栄花物語の研究』刀江書院、昭和三十一年
阿部秋生『源氏物語研究序説』東京大学出版会、昭和三十四年
今井源衛『源氏物語の研究』未来社、昭和三十七年
山中裕『歴史物語成立序説』東京大学出版会、昭和三十七年
同　『平安時代の女流作家』至文堂、昭和三十七年
秋山虔『源氏物語の世界』東京大学出版会、昭和三十九年
池田亀鑑『平安時代の文学と生活』至文堂、昭和四十一年
山中裕『平安朝の年中行事』塙選書、昭和四十七年
同　『平安朝文学の史的研究』吉川弘文館、昭和四十九年

伝記

中村匡男『道長の栄華』評論社、昭和四十四年
赤木志津子『御堂関白藤原道長』秀英出版、昭和四十四年
北山茂夫『藤原道長』岩波新書、昭和四十五年

藤原道長略年譜

西暦	和暦	年齢	事項
九六六	康保三	一	この年道長摂政兼家の五男として生まれる（母は時姫）
九六九	安和二	四	二月安和の変、八月冷泉天皇譲位、円融天皇践祚
九八〇	天元三	一五	正月道長従五位下となる、母時姫薨ず、六月円融天皇皇子懐仁親王（一条天皇）生まれる（母は詮子）
九八三	永観元	一八	正月道長侍従となる
九八四	永観二	一九	二月道長右兵衛権佐となる、八月円融天皇譲位、花山天皇践祚
九八六	寛和二	二一	六月花山天皇出家、一条天皇践祚、七月居貞親王（三条天皇）立太子、八月道長少納言となる、十月道長左少将となる
九八七	永延元	二二	十二月道長左大臣源雅信の娘倫子と結婚
九八八	永延二	二三	正月道長権中納言となる、この年源高明の娘明子と結婚、彰子（上東門院）生まれる（母は倫子）
九九〇	正暦元	二五	五月道隆摂政となる、七月父兼家薨ず、十月道隆の娘定子中宮となる

九九一	正暦二	二六	九月道長大納言となる、姉詮子女院（東三条院）となる、十一月娍子東宮（居貞親王）妃となる
九九二	正暦三	二七	正月頼通生まれる（母は倫子）、この年頼宗生まれる（母は明子）
九九四	正暦五	二九	三月妍子生まれる（母は倫子）、九月東宮皇子敦明親王生まれる、この年顕信生まれる（母は明子）
九九五	長徳元	三〇	四月道隆薨ず、五月道兼薨ず、道長内覧の宣旨をうける、六月道長右大臣・氏長者となる
九九六	長徳二	三一	四～五月藤原伊周・隆家花山法皇を射て配流に処せられる（長徳の変）、六月教通生まれる（母は倫子）、七月道長左大臣となる、この年能信生まれる（母は明子）
九九七	長徳三	三二	四月隆家・十二月伊周大赦により帰京する
九九八	長徳四	三三	三月道長病のため官職を辞そうとして許されず
九九九	長保元	三四	十一月彰子女御となる、一条天皇皇子敦康親王誕生（母は定子）、十二月威子生まれる（母は倫子）
一〇〇〇	長保二	三五	二月彰子中宮となり定子皇后となる、四～五月道長病のため三度官職を辞そうとして許されず、十二月一条天皇皇后定子崩御す
一〇〇一	長保三	三六	十月詮子四十の賀をおこなう、閏十二月詮子崩御す

一〇〇四	寛弘元	三九	十一月妍子尚侍となる
一〇〇五	寛弘二	四〇	十月宇治木幡浄妙寺供養をおこなう、十一月道長四十の賀をおこなう、この頃紫式部宮仕
一〇〇六	寛弘三	四一	十月法性寺五大堂仏像開眼をおこなう
一〇〇七	寛弘四	四二	正月嬉子生まれる（母は倫子）、八月道長金峯山に詣でる、十二月浄妙寺の多宝塔供養をおこなう
一〇〇八	寛弘五	四三	二月花山法皇崩御す、九月一条天皇皇子敦成親王（後一条天皇）誕生（母は彰子）
一〇〇九	寛弘六	四四	十一月一条天皇皇子敦良親王（後朱雀天皇）誕生（母は彰子）
一〇一〇	寛弘七	四五	正月伊周薨ず、二月妍子東宮（居貞親王・三条天皇）妃となる
一〇一一	寛弘八	四六	六月一条天皇譲位、三条天皇践祚、一条天皇出家ののち崩御す、八月道長内覧の宣旨をうける、娍子女御となる、十月冷泉上皇崩御す
一〇一二	長和元	四七	正月顕信比叡山にのぼって出家する、二月彰子皇太后となり妍子中宮となる、四月娍子皇后となる
一〇一三	長和二	四八	四月法興院に仏堂をたてる、六月頼通権大納言・教通権中納言となる、七月三条天皇皇女禎子（陽明門院）生まれる（母は妍子）
一〇一五	長和四	五〇	八月三条天皇眼病重く道長譲位をすすめる、十月道長摂政に准じて

			職務をおこなう、道長五十賀
一〇一六	長和五	五一	正月三条天皇譲位、後一条天皇即位、道長摂政となる、三条天皇皇子敦明親王東宮となる
一〇一七	寛仁元	五二	二月木幡にある父母・詮子の墓と浄妙寺に詣でる、三月道長摂政を辞し頼通摂政となる、四月三条上皇出家、五月三条法皇崩御す、八月敦明親王東宮を辞し敦良親王（後朱雀天皇）東宮となり、敦明親王は小一条院の尊号を授けられる、十二月道長太政大臣となる
一〇一八	寛仁二	五三	二月道長太政大臣を辞す、三月威子入内する、六月新造の土御門第にうつる、十月威子立后の儀の後に道長「此世をば我が世とぞ思ふ～」の歌を披露する、土御門第に三后（彰子・妍子・威子）が行啓する、十二月敦康親王薨ず
一〇一九	寛仁三	五四	三月道長出家す（法名行観）、十二月頼通関白となる
一〇二〇	寛仁四	五五	三月無量寿院（法成寺）の落慶供養をおこなう
一〇二一	治安元	五六	七月頼通左大臣・教通内大臣・頼宗権大納言・能信権大納言となる
一〇二二	治安二	五七	七月法成寺金堂供養をおこなう、十一月道長延暦寺に詣でる
一〇二三	治安三	五八	五月道長法成寺で逆修をおこなう
一〇二四	万寿元	五九	六月法成寺薬師堂供養をおこなう

一〇二五	万寿二	六〇	八月嬉子薨ず
一〇二六	万寿三	六一	四月道長法成寺で逆修をおこなう
一〇二七	万寿四	六二	九月妍子崩御す、十二月道長薨ず、鳥辺野に葬送し遺骨を木幡にうつす

（この年譜は外池昇氏が作成し、山中が補訂したものである）

解説

大津　透

山中裕先生による教育社歴史新書『藤原道長』（一九八八年）が、法蔵館文庫として刊行されることになった。慶賀に堪えない。

山中先生は一九二一年一月九日の生まれで、一九四三年九月に東京帝国大学文学部国史学科を卒業、戦争中の一九四五年四月に同文学部史料編纂所に入所し、戦後新たに作られた古記録部に移り、『大日本古記録』の編纂出版（『御堂関白記』『九暦』『小右記』など）に従事された。その後一九六五年に東京大学助教授、一九六九年に教授、助教授昇任後は編年部に移り、『大日本史料』第一編、第三編の編纂に従事し、一九八一年三月に定年退官されるまで、三六年にわたり東京大学史料編纂所に勤務された。この間一九七六年に東京大学より『平安朝文学の史的研究』（副論文『平安人物志』）により文学博士号を授与された。その後は関東学院大学教授、調布学園女子短期大学（現・田園調布学園大学）教授を歴任し、二〇一四年六月一二日に逝去された。九三歳であった。

著者の研究は、平安時代を史学・文学の両面から探究するところに最大の特色がある。大きく分ければ、①歴史物語を中心とする平安文学の歴史学の立場からの研究、②『御堂関白記』などの読解を進めた古記録（貴族の漢文日記）の研究、③人物研究、④儀式・年中行事の研究、に分けられるのではと思う。①については、『栄花物語』の成立とその性格を論じた『歴史物語成立序説』（東京大学出版会、一九六二年）をはじめ『平安朝文学の史的研究』（吉川弘文館、一九七四年）、『栄花物語・大鏡の研究』（思文閣出版、二〇一二年）などがあり、②については『平安時代の古記録と貴族文化』（思文閣出版、一九八八年）のほか、後述の『御堂関白記全註釈』があげられる。③の政治史や経済史とは異なる人物論は、著者独自の分野だといえる。『平安人物志』（東京大学出版会、一九七四年）、『和泉式部』（吉川弘文館、一九八四年）のほか、本書の道長の伝記研究もその代表といえる。④には、多くの初学者を平安時代研究の面白さに引き込んだ『平安朝の年中行事』（塙書房、一九七二年）がある。ちなみに、著者の学界デビューは「白馬の節会」（『日本歴史』三七号、一九五一年）だった。国文学をふまえた文化史的視点からのアプローチであるが、今日古代史研究で盛んになっている詳細な儀式研究の先駆けとなったのである。

本書『藤原道長』は、それまでの図式的な権力者としてのイメージをしりぞけ、史実にもとづく初めての本格的な伝記である。史料にもとづいた詳細な叙述で道長の実際の姿をあきらかにした点で大きな意義がある。簡単に内容を紹介しよう。

「1 藤原氏の発展」は、父兼家の時代で、道長登場の前史を扱い、冷泉天皇系と円融天皇系の存在にふれる。「2 道隆の時代」では、兄の中関白家道隆全盛の時代と、道隆死後の道長と伊周の政権争いと道長の政権確立を述べる。とくに長徳の変が、これまで言われてきたような道長の陰謀ではなく、伊周や隆家の自滅であったことを詳しく述べている。「3 一条天皇即位と道長の周辺」では、若き日の道長から説き起こし、一条天皇の後宮、長女彰子の入内と立后、皇后定子の生活と姉詮子（東三条院）について描いている。「4 道長と敦康親王」では、定子没後の一条天皇第一親王敦康について、立太子はできなかったが、道長や彰子が厚く奉仕していたことを述べている。「5 中関白家の没落と道長家の隆盛」では、道長と一条天皇の関係にふれ、道長が内覧にとどまったことについて、摂関を独立の権威とした兼家や道隆・伊周の行動をよく見ていて、その長短をよく心得て、太政官の最高責任者の立場で公卿会議を運営したのだと述べる。

「6 道長と外戚の拡充」は、一条天皇の寛弘年間にあてられ、彰子が成熟していくなかで、二度の御嶽詣でを企て（二回目は実現せず）、寛弘五年の第二皇子敦成の誕生を、『紫式部日記』『栄花物語』を用いて丁寧に述べる。さらに第三皇子敦良の誕生、長男頼通の結婚、二女妍子の東宮への入内を経て、一条天皇崩御にいたる。そのなかで、書籍の蒐集や作文の開催にみられる道長の学問と漢詩作詠への情熱について詳しく描いていることが特筆される。「7　三条天皇時代」は、本書のなかでもっとも多くの頁数を割いた章である。三条天皇の東宮時代に遡り家族関係などにふれ、即位にあたり関白就任の依頼があったが内覧にとどまったのだが、長和元年の妍子の立后と、引きつづき強行された娍子の立后にはじまり、天皇の眼病の悪化と内裏の焼亡により退位に追い込まれるまでの、三条天皇と道長との確執と不和について、『御堂関白記』『栄花物語』と道長を痛烈に批判する藤原実資の『小右記』を比較しながら詳細に論じる。三男の顕信の突然の出家、道長自身の病、中宮妍子による禎子内親王の誕生と成長など、道長周辺での出来事も丁寧に述べている。

「8　後一条天皇時代」では、三条法皇の崩御をうけて、その長男敦明親王の東宮辞退と小一条院の称号・待遇と、明子腹の寛子との婚儀、敦良の立太子を詳しく述べ、寛仁二年の道長三女威子の入内、「この世をば」の歌を詠んだ立后の儀、そののちの土御門第行幸について丁寧に描いている。一方で道長の病は進み、敦康親王の死去を経て、出家するにいたる。最後に摂関政治は太政官政治であること、道長自身が文化に対する関心が高く、『源氏物語』『栄花物語』が生まれ、女流作家が育つ基盤は道長のうちにあったと論ずる。

「9　道長の宗教生活」では、出家以前に遡って、忠平建立の法性寺、兼家建立の法興院で法要や堂塔・仏像の造営を進めたことにふれ、さらに出家後、無量寿院を建立し寛仁四年に落慶供養を行ない、さらにそれを拡大して法成寺を建立し、治安二年に金堂供養が行なわれ、その美しいあり様を『栄花物語』の叙述を利用して描く。さらに高野山などへの参詣を重ねるが、万寿四年に六二歳にて法成寺阿弥陀堂において臨終したことを述べる。

本書の第一の特色は、徹頭徹尾史料にもとづいて叙述していることである。『御堂関白記』『小右記』『権記』などの古記録を用い、多く何月何日条と典拠を注記しているのは、このような一般向け新書としてはやや異例である。もちろん著者の専門である『栄花物語』についても縦横に使われている。原文が返り点だけで引用されることがあり、古記録は（特に『御堂関白記』は）読みにくいので、取っつきにくいところがあるが、学者としての史料に向きあう誠実さを示している。

第二の特色は、そのなかで道長と周辺の人々との人間関係を、詳しく叙述することである。道長と伊周の関係を詳しく論じて、道長の陰謀とする通説が誤りであることを述べたのはもちろんだが、他に敦康親王への道長の扱いと思いやり、敦明親王の処遇などを丁寧に描いている。その背後には、著者自身の「敦康親王考」「小一条院（敦明親王）考」の詳しい人物論がある（ともに『平安人物志』所収）。それによって道長という人物像を浮かびあがらせている。

著者は、本書の約二〇年後、日本歴史学会編集の人物叢書で『藤原道長』（吉川弘文館、二〇〇八年）を出版している。なんと八六歳での執筆である。そちらの方が新しいので、それだけ読めばいいように思いがちなのだが、比べながら読んでみると違うところも多いことに気づく。本書の方が分量はすこし多いこともあるが、人物叢書は、年代順に執筆するという原則があり、その後の平安時代史研究の進展をうけて道長が行なった政務などの記述がふえていて、その分記述があっさりしているところが多い。また古記録の引用を中心にして、『栄花物語』などの仮名ものの引用はすこし遠慮気味である。その点で、本書の方が人間関係の叙述にまとまりと著者の思い入れが感じられる。さらに道長の学問への情熱についてとりあげたり、道長の宗教活動を出家以前から晩年までまとめて記述するなど、著者の視点で道長像を描きだしているように感じられた。

道長の悪役のイメージのもとになった『小右記』にみえる実資の厳しい道長批判を他の史料と比較して相対化し、「望月の歌」から想起されるおごれる権力者としてのイメージにも、実際にどのような場で詠まれたかをあきらかにして、修正を求めた点は大きな意義がある。なお『栄花物語』については、六国史・新国史を継承する歴史書だと意義付け、『紫式部日記』を利用していることから女房日記などが原史料とされていて記述には一定の信頼性があるとして、自信をもって引用し活用する。とはいえ「後見」の強弱が皇位に就けるかどうかを決めるという「後見」史観が『栄花物語』の史観であると著者は述べている（一二八頁）。とすれば道長自身も敦康を皇位に就けたかったのだが無理だったという記述は、『栄花物語』の史観による潤色で、事実は異なっていた可能性がある。著者は心から道長が好きなのであるが、やや道長よりのところは否めない。

さて山中先生は、卒業論文が「藤原道長」であり、史料編纂所入所後、古記録部において『大日本古記録』の最初の出版として、桃裕行氏とお二人で陽明文庫の自筆本原本と古写本（一部平松本）を底本として『御堂関白記』上中下を編纂された。一九五二年から一九五四年にかけて毎年一冊を岩波書店より刊行するという過酷な日程の編集出版だったという。これに続けて出版された『貞信公記』（藤原忠平）、『九暦』（藤原師輔）とあわせ、原本に基づく正しいテキストを提供したのであり、今日の平安時代史研究の基礎を築いた画期的出版だった。

先生の『御堂関白記』と藤原道長とのつきあいはそれ以来ずっと続くのである。一九六八年に開館された平安博物館において、角田文衞氏の招きで『御堂関白記』の集中講義を始められ、当初は朧谷寿氏（平安博物館）と名和修氏（陽明文庫）が発表を担当し、一般の人にも参加してもらったという。やがて関西を中心に大学の先生方も参加し、さらには関西や東京の大学院生が発表するようになり、解釈のレベルは平安時代研究の進展を受けて徐々にあがっていった。この『御堂関白記』の講座は毎年京都で猛暑の八月に一週間ひらかれ、二〇〇五年まで約四〇年の間続いた。私も何度か参加したが、一般の参加者が多いのだがきわめて熱心な方もいる不思議な会であった。さらに一九八一年には、史料編纂所の定年をうけて東京大学や國學院大学などでの教え子を中心に東京で「古記録の会」が作られ、毎月一回研究会を開き、先生を囲んで『御堂関白記』の読解を続けた。さらに一九九八年からは、京都の陽明文庫でも研究会が開かれるようになった。その成果の一部は一九七六年から「『御堂関白記』註釈」として古代学協会の雑誌『古代文化』に掲載され、二〇〇八年まで、二〇〇回以上掲載が続いた。こうした活動をふまえて、山中裕編『御堂関白記全註釈』の第一冊、寛仁元年が一九八五年に国書刊行会から出版され、最後に寛弘六年の修正版が二〇一二年に出版され、三〇年近くをかけて全一六冊が思文閣出版から刊行され、完成を果たしたのである（山中裕「『御堂関白記全註釈』完結について」『古代文化』六三巻一号、二〇一一年）。

山中先生のまわりにいくつもの研究会ができて、多くの人が集まるのは、もちろん先生の優しく飾らない人柄とあたたかい励ましによるのだが、先生自身、『御堂関白記』は難しくひとりで自己流に読んでいてもわからず、さまざまな史料や歴史全体をふまえ、多くの人の視点や意見をいれて考えなければ正しく読解できないと考えられていることによるだろう。これらの研究会の特色は、先生の専門から日本史だけでなく国文学を専門とする研究者が参加していることで、歴史学ではつめきれない部分について国文学の先輩が「ここはこういう意味だ」といわれ、感心したことが何度もある。歴史・文学の枠を超えた研究の交流による成果として、先生の逝去後になるが、『御堂関白記全註釈』の成果をもとに、註釈の多い項目を選んで立項し、筆者と池田尚隆氏との共編で、晩年に先生のお宅で行なっていた研究会のメンバーが中心となって、遠方の研究者も加えて分担執筆し、『藤原道長事典　御堂関白記からみる貴族社会』（思文閣出版、二〇一七年）を刊行した。読んで面白い事典の形で、道長の見ていた世界をあきらかにすることをめざした。歴史学と国文学はめざすところも方法も違うので、現在平安時代の歴史学研究者で、『源氏物語』に言及する力のある人はほとんどいないだろう。それに対して、本書で著者が「『源氏物語』の光源氏の全盛期のモデルは、道長であり、六条院は土御門第である」（二二八頁）と記しているのは、感動的とさえいえる。

本書では、著者の専門でないこともあり、政治制度についてあまり詳しい叙述はない。道長は摂政・関白にならず、内覧・一上にもとづいて政治を行なったが、それについては著者の親しい友人だった山本信吉氏による『摂関政治史論考』（吉川弘文館、二〇〇三年）に詳しい研究がある。そのなかで道長の政治権力を支えたのが、道長自身の歴代の摂関が経た政治制度に対する的確な理解、太政官の制度への深い理解であったことを述べている。三条天皇即位のとき関白にならなかったことをめぐり、道長は実資と公季と、先例を調べ、関白と太政大臣について語り合ったことが本書でもふれられている（一五二頁）。道長は左大臣・一上にとどまることによって、陣定に積極的に参加して、公卿合議制と公卿の政務分担を政権運営の基本として、それを統括したのだと私自身は考えている。

藤原道長について本書出版以降に出された書物としては、評伝として朧谷寿氏による『藤原道長』（ミネルヴァ書房、二〇〇七年）が出版され、著者の教え子の倉本一宏氏により『藤原道長の権力と欲望』（文春新書）、『藤原道長「御堂関白記」を読む』（講談社選書メチエ）、『藤原道長の日常生活』（講談社現代新書、上記いずれも二〇一三年）が刊行されている。

また本書出版前後から摂関期の研究は政治制度や財政制度など大きく進展したのであるが、拙著『道長と宮廷社会』〔日本の歴史06〕（講談社、二〇〇一年、のち講談社学術文庫、二〇〇九年）はそうした研究成果をふまえた道長の時代を中心とする通史であり、『藤原道長　摂関期の政治と文化』（山川出版社、二〇二二年）では道長の政治のあり方と文化史上の貢献にふれているので、興味のある方は参照していただければと思う。

先生が自身の研究を振り返った文章として「我が研究生活——平安朝研究四十五年」(『弘前大学国史研究』八七・九六—九九号、一九八九・一九九四—九五年)がある。また先生のお人柄については、もっとも信頼された教え子である近藤好和氏による追悼文「追悼 山中裕先生の思い出」(『古代文化』六六巻四号、二〇一五年)をご覧いただければと思う。

なお刊行にあたり、初版本の誤植や史料引用を訂正したほか、典拠を補ったり、史料の書き下しを人物叢書版により改めたところがある。

二〇二三年三月

(東京大学大学院人文社会系研究科教授)

山中　裕（やまなか・ゆたか）

1921年、東京生まれ。東京帝国大学文学部国史学科卒業。
東京大学史料編纂所教授を経て、関東学院大学文学部教授、
田園調布学園大学教授。2014年逝去。
著書に『歴史物語成立序説』『平安朝の年中行事』『平安朝
文学の史的研究』『平安人物志』『人物叢書・和泉式部』
『平安時代の古記録と貴族文化』『源氏物語の史的研究』
『人物叢書・藤原道長』ほか。編著に、新編日本古典文学
全集『栄花物語』１〜３（校注、共著）、『御堂関白記全註
釈』全16冊、『歴史のなかの源氏物語』など。

藤原道長《ふじわらのみちなが》

二〇二三年　七月一五日　初版第一刷発行

著　者　山中　裕
発行者　西村明高
発行所　株式会社　法藏館
京都市下京区正面通烏丸東入
郵便番号　六〇〇-八一五三
電話　〇七五-三四三-〇〇三〇（編集）
〇七五-三四三-五六五六（営業）

装幀者　熊谷博人
印刷・製本　中村印刷株式会社

ISBN 978-4-8318-2650-3 C1121

法藏館文庫既刊より

価格税別

い-1-1
地　獄　石田瑞麿著
古代インドで発祥し、中国を経て、日本へとやってきた「地獄」。その歴史と、対概念として浮上する「極楽」について詳細に論じた恰好の概説書。解説＝末木文美士
1200円

く-1-1
王法と仏法　中世史の構図　黒田俊雄著
強靱な論理力で中世史の構図を一変させ、「武士中心史観」にもとづく中世理解に鋭く修正を迫った黒田史学。その精髄を示す論考を収めた不朽の名著。解説＝平　雅行
1200円

つ-1-1・2
平安人物志　上・下（全二冊）　角田文衞著
考古学と文献史学を駆使した角田の博識と推理が冴え渡る、41篇の人物伝。緻密な分析で、平安朝を生きた人々の数奇な生涯を鮮やかに描き出した、歴史的名著。解説＝山田邦和
各1700円

か-6-1
禅と自然　唐木順三著
近代という無常が露わになった時代をどう乗り越えるか。その克服の可能性を、逆に無常を徹底させる中世の禅思想のなかに見出した卓異の論考を精選。解説＝寺田透・飯島孝良
1100円

ひ-1-1
無神論　久松真一著
「絶対的自律」へ至る道を考究し続けた稀代の哲人・久松真一。その哲学の核心を示す珠玉の論考と自叙伝的エッセイ「学究生活の想い出」を収録。解説＝星野元豊・水野友晴
1000円

た-4-1

聖武天皇

「天平の皇帝」とその時代

瀧浪貞子著

高い政治力を発揮し、数々の事業を推進した聖武天皇。「天平の皇帝」たらんとしたその生涯と治世を鮮やかに描写。ひ弱、優柔不断といった旧来の聖武天皇像に見直しを迫る。

1300円

し-1-2

精神世界のゆくえ

宗教からスピリチュアリティへ

島薗進著

なぜ現代人は「スピリチュアリティ」を求めるのか。宗教や科学に代わる新しい思想を網羅的に分析し、「スピリチュアリティ」の興隆を現代精神史上に位置づけた宗教学の好著。

1500円

よ-2-1

日本人の身体観の歴史

養老孟司著

日本の中世、近世、そして現代哲学の心身論から西欧の身体観まで論じる。固定観念を揺さぶり、常識をくつがえし、人と世界の見方を一変させる、養老「ヒト学」の集大成。

1300円

ぎ-1-1

現代語訳

南海寄帰内法伝

七世紀インド仏教僧伽の日常生活

義浄撰
宮林昭彦
加藤栄司訳

唐の僧・義浄がインドでの10年間にわたる留学生活で見た7世紀の僧侶の衣・食・住の実際とは。戒律の実際を知る第一級資料の現代語訳。原書は、鈴木学術財団特別賞受賞。

2500円

と-1-1

文物に現れた北朝隋唐の仏教

礪波護著

隋唐時代、政治・社会は仏教に対していかに関わり、仏教はどのように変容したのか。文物を含む多彩な史料を用いスリリングに展開される諸論は隋唐時代のイメージを刷新する。

1200円

こ-1-1

神々の精神史

小松和彦著

カミを語ることは日本人の精神の歴史を語ること。竈神や座敷ワラシ。酒呑童子、ものくさ太郎に、山中の隠れ里伝承など、日本文化の深層に迫った妖怪学第一人者の処女論文集。

1400円

み-1-1
江戸のはやり神　宮田登著
お稲荷さん、七福神、エエジャナイカ――民衆の関心で爆発的に流行し、不要になれば棄てられた神仏。多様な事例から特徴を解明し、背景にある日本人の心理や宗教意識に迫る。
1200円

さ-5-1
信仰か、マインド・コントロールか
カルト論の構図
櫻井義秀著
社会はカルトやマインド・コントロールの問題にどう対処すべきか。九〇年代以降のメディアや裁判記録などの分析を通じて、これらの問題を考えるための基礎的理論を提示する。
1100円

う-1-1
日蓮の女性観　植木雅俊著
仏教は女性蔑視の宗教なのか？　仏教史における男性観、女性観の変遷、『法華経』における提婆達多と龍女の即身成仏を通して検証し、また男性原理と女性原理について考える。
1300円

お-1-1
寺檀の思想　大桑斉著
近世に生まれた寺檀の関係を近代以降にまで存続せしめたものとは何か？　家を基本構造とする幕藩制下の仏教思想を明らかにし、近世社会の本質をも解明する。解説＝松金直美
1200円

や-3-1
藤原道長　山中裕著
道長の生涯を史料から叙述すると共に、人間関係を詳しく説き起こして人物像を浮かびあがらせる。既存の図式的な権力者のイメージをしりぞけ史実の姿に迫る。解説＝大津透
1200円

た-5-1
安倍晴明の一千年
「晴明現象」を読む
田中貴子著
スーパー陰陽師・安倍晴明はいかにして誕生したのか。平安時代に生きた晴明が、時代と世相にあわせて変貌し続ける「晴明現象」を追い、晴明に託された人々の思いを探る好著。
1200円